美國三大財政巨頭
揭露2008年金融危機的救市內幕

The Financial Crisis and Its Lessons

FIREFIGHTING

Ben Bernanke | Timothy F. Geithner | Henry M. Paulson Jr.

班・柏南克、提摩西・蓋特納、亨利・鮑爾森——著

林曉欽——譯

目錄

Contents

推薦序

從決策者視角，回顧金融危機始末

陳南光

本書由3位作者所共同撰寫，他們是2008年面臨全球金融危機的關鍵時刻之際，美國最重要的金融與經濟決策制定者。當時班・柏南克（Ben S. Bernanke）是美國聯邦準備理事會主席，亨利・鮑爾森（Henry M. Paulson Jr.）擔任財政部長，提摩西・蓋特納（Timothy F. Geithner）則是紐約聯邦準備銀行總裁，其後繼任鮑爾森成為財政部長。3位作者之所以重要，是由於全球金融危機的應變與紓困政策涵蓋傳統與非傳統貨幣政策以及財政政策，而紐約聯邦準備銀行則是貨幣政策的實際執行者。

本書與其他同類型書籍的最大區隔，是從處理危機的決策制定者與執行者的視角，親自回顧這段艱困的經歷，敘述自己如何因應這場危機以及為何要採用那些政策工具與措施。作者們用「救火」(firefighting）來形容處理金融危機的急迫性，頗為貼切，也反映作者們認定自身是撲滅金融危機大火蔓延的打火英雄。他們極力為自己的行動辯護，強調當金融危機快速蔓延與惡化，為挽回民眾對金融體系的信心，不計任何代價也要遏止危機大火的蔓延是具有正當性的，因為不積極行動的後果，很可能就是金融體系的全面崩潰以及嚴重並漫長的景氣蕭條。同時，他們承認自己未能在事前意識到危機的嚴重性，也坦然敘述在訊息不完整的情況下，必須做出決策時所面臨的困難。在金融危機當下，在無法仔細評估該政策措施的有效性，與可能引發的後續效應之前，就必須在短時間內做出艱難的決定，確實需要「行動的勇氣」。

然而，3位作者所採取超出傳統認知範疇的政策措施，這一路以來飽受爭議。各方的評論在過去十餘年已如汗牛充棟，在此我僅提出一點，亦即：危機緊急救援措施的常態化問題。許多在危機期間，獲美國國會授權動用的特殊融通機制，隨著危機緩解逐漸退場，因此，即使因為跨越傳統上與其他機構權責的分際，或可視為危機當下的緊急應變措施。唯央行獨有而且可自行動用的工具，亦即創造貨幣，不僅在系統性崩盤危機解除後持續實施，而且力道更逐波增強。像是2008年11月起推出的數波量化寬鬆措施，已脫離因應危機的範疇，反倒是為了促進就業和產出的復甦。

將因應危機的非傳統政策工具常態化以支持經濟成長，使得央行涉入金融市場的運作更深、更廣。當央行不斷延伸其觸角到金融中介與信用分配，甚至涉入準財政領域，將可能侵蝕央行的獨立性，也模糊央行的定位。同時，當央行持續釋出鉅額流動性並維持長期超低利率，不僅會造成資源誤置、股價與房價等資產泡沫，最後終將引來通膨的反撲。這在COVID-19疫情爆發，主要央行採行較全球金融危機時期，規模更大且更「非傳統」的寬鬆措施之後，可得到印證。

我想，讀者沉浸在作者們極佳的文筆與敘事之時，若能進一步反思這些危機救援行動帶來的後續效應，及這些政策措施所帶來的成本，將可得到更多收穫。

（本文作者為台大經濟系教授。）

前言
不應忘記

造成大規模影響的金融危機，並不常發生。金融市場的動亂通常都會自行結束，市場會調整，企業會倒閉，然後日子還是如常地過下去。有時候，金融危機的火勢太過猛烈，需要政策制定者出手協助撲滅。如果企業需要現金，那政策制定者會提供貸款或找一個安全的方法向有困難的企業提供紓困，然後生活就能繼續。在極度罕見的情況中，金融火勢會失控並造成威脅，也可能吞噬金融體系以及所有經濟市場，導致極端的崩潰與生存剝奪。在經濟大蕭條時代，美國曾經出現過嚴重的「金融大火」，隨後的75年不曾再度發生。

但是在2008年時，金融大火再次燃燒了。美國政府——連續2位總統、眾議院、聯邦準備系統、財政部以及數千位來自各個機構的公僕——必須面對數個世代以來最嚴峻的金融危機。我們3人，當時都擔任有責任處理金融危機的職位。

班．柏南克是聯邦準備理事會（後文簡稱聯準會）主席，亨利．鮑爾森則是小布希總統時代的財政部長，提摩西．蓋特納在小布希政府年代原本是紐約聯邦準備銀行總裁，後來擔任歐巴馬總統的財政部長。我們協助制定美國和全球因應一場金融大火的策略，這場大火毀滅全球信貸，蹂躪全球金融體系，讓美國經濟陷入自1930年代的食物救濟隊伍和貧民窟慘況以來，造成最嚴重傷害的衰退。

我們和聯準會、財政部及其他機構的同仁齊心合作，使用密集的策略對抗這起金融大火，策略的層級也從傳統的貸款與非傳統的貸款，提高至政府向大型企業提供紓困，並對於關鍵的信貸市場提供安全網。2008年，當金融大火愈演愈烈時，我們說服國會同意我們使用更強大的對抗工具，其中包括授權將數千億美元的資金直接投入民間金融機構。我們與美國和全球各地致力於處理金融危機的政府官員合作，最後成功協助穩定金融體系，避免信貸傳遞管道封閉以及資產價值崩潰，讓經濟系統陷入第二次經濟大蕭條。即便如此，經濟系統依然承受了大規模的衰退，必須使用前所未有的金融財政刺激方案，才能啟動經濟復甦。

2008年的金融危機，是典型的金融恐慌，讓我們想起過去數百年來影響金融市場的擠兌和危機。我們從長久以來的經驗得知，雖然防止金融恐慌的策略是必須照顧金融部門，但金融恐慌所造成的傷害，永遠不會只限於金融部門。就算不是銀行家或投資人，美國人依然仰賴信貸系統的成功運作，才能買車、購屋、申請大學學費貸款，或者發展自己的事業。傷害信貸系統的金融危機，可以造成可怕的衰退，影響範圍包括平凡的家庭與金融領域的菁英。時至今日，美國大眾記得政府當年的介入措施，是向華爾街提出紓困；但我們當年的目標，永遠都是保護「市井大街」[1]不要受到金融崩潰的餘波影響。防範金融大火對經濟系統造成傷害的唯一方法，就是撲滅大火；然而，如果不試圖出手幫助引發金融大火的人，就幾乎不可能達成這個目標。

過了10年之後，我們認為回顧當年的危機是如何開展的，並思考當時的處理措施所帶來的啟示，可以如何有效減少未來危機發生後所造成的傷害，應是有用之舉。我們3人都已經從各自的角度與經驗出版回憶錄，但我們仍然希望可以一起坐下來談談關於當時的那場金融大火，我們共同做了什麼，又從中學到了什麼。我們的背景與性格截然不同，在危機發生前，我們彼此也不熟識。但是，我們在共同努力撲滅金融火勢時，找到了成功的合作方法。我們也同意，在發生金融危機時，是有一些可以應用的基本原則。金融危機反

1　譯註：市井大街（Main Street）一詞，來自歐巴馬在2008年當選美國總統發表感言時曾說：「如果金融危機教會我們什麼事，那就是市井大街承受痛苦時，華爾街永遠不可能繁榮。」歐巴馬用「市井大街」代表市民百姓的所有生活，與華爾街形成對比。

覆發生的原因之一，是因為人們的記憶會隨風而逝。我們寫下這本書，只為傳達我們從自身經驗中所學到的教訓，也希望讓記憶不會消逝，並協助未來的「救火員」有效保護被金融危機蹂躪的經濟系統。

為何發生？

2008年的金融危機為何發生？又為什麼造成嚴重的損害？

答案一樣是典型的金融恐慌，由房貸信心危機引發的金融擠兌。正如常見的金融危機，信貸繁榮在2008年的金融大火中火上添油，許多家庭和金融機構都採用極度危險的過渡金融槓桿策略，最後因融資而陷入債務泥淖。危機變得更嚴重的第一個原因，就是眾多風險都移轉到金融機構，而金融機構的運作，可超越傳統銀行系統的限制與保護；第二個原因，則是當時的金融槓桿採用不穩定的短期融資，只要出現一個危險訊號，就會拖累整體經濟。

使得金融市場更加脆弱的原因，是因為美國的金融管制機構呈現四分五裂的割據狀態，各個機構、管制單位以及管制政策陷入混亂，數十年來根本無法跟上市場的劇烈變化及金融產品更新的急速腳步。資產證券化（Securitization）就是其中一種金融創新手法，華爾街利用這個機制將房貸大切八塊，分割為各種複雜的金融產品，在現代金融市場中無所不見，原本應屬於房貸領域的風險恐慌，也因此轉變為足以動搖整體金融市場的穩定性風險。

在景氣繁榮時期，上述問題看似毫無急迫性，金融體系呈現不尋常的穩定狀態，大家相信房價將會持續上漲，在華爾街、華盛頓特區以及研究機構中，許多人都相信嚴重的金融危機已是過去，在現代不太可能發生。但是房市泡沫崩潰之後，害怕損失的恐懼導致經濟大崩盤，只要任何人、事、物與房貸抵押擔保證券產品有關，投資人和債權人就會瘋狂地減少自身與其之間的「風險暴露」（Exposure，也作敞口）[2]，並引發「賤賣」（Fire Sale，由於投資人急需現金，必須賤價賣出資產）及「融資追繳令」（Margin Call，投資人使用信貸機制購買資產時，被要求追繳更多保證金），這個情況也導致更大規模的賤賣與融資追繳令。金融恐慌癱瘓信貸機制，粉碎大眾對於經濟市場的信心，導致失業以及終止贖回，再度引發金融體系的更嚴重恐慌。

10年之後，金融恐慌造成的惡性循環，已逐漸消失在大眾的記憶中。但是，2008年全球金融危機的混亂與恐怖程度，永遠不該被低估。從2008年9月開始，在短短1個月的

2　譯註：風險暴露或敞口（本書將視情況擇其一），是指對風險有暴露的地方，例如貸款10億給一家企業，其中8億有外部擔保，2億則無，那麼可說風險暴露或敞口是2億。

時間之內發生各種事件，其中包括兩大房貸巨人：房利美（Fannie Mae）與房地美（Freddie Mac）突然遭到「國有化」（Nationalization），這是從經濟大蕭條時代以來，美國政府對金融市場最大規模，也是最驚人的介入干預；享譽盛名的老牌投資銀行雷曼兄弟（Lehman Brothers）倒閉，是美國史上最大型的銀行破產事件；美林（Merrill Lynch）證券公司倒閉，後被併入美國銀行；美國政府向美國國際集團（AIG）保險公司提供高達850億美元紓困金，避免造成比雷曼兄弟更大型的金融機構破產；美國史上最大型受聯邦有限保險公司承保的銀行倒閉，而且是2家，分別是華盛頓互惠銀行（Washington Mutual）及美聯銀行（Wachovia）；幾乎等於華爾街同義詞的投資銀行經營模式也滅絕了；美國政府在歷史上首次擔保價值超過3兆美元的貨幣基金；美國政府擔保價值1兆美元的商業本票；美國眾議院提出首次防止市場崩潰的措施後，授權總額7000億美元的金額，協助整體金融體系恢復。以上事件，全都發生在總統大選期間的漫長擠兌金融風波之中。據聞革命家佛拉迪米爾·列寧（Vladimir Lenin）曾說，人生可能會有數十年的風平浪靜，也可能在幾個星期內像是經歷數十年的動亂——2008年的金融危機，確實令人有此感受。

一開始，美國政府的危機處理能力不足，部分原因是眾多問題的起點都不在聯邦政府對商業銀行的管轄權之內。但是，我們最後成功說服眾議院，讓我們獲得需要的權力，重新恢復大眾對金融體系的信心，原本極度恐慌的人也不再恐慌。在那個時代，黨派鬥爭氣氛強烈，對政府的質疑已滲透各處，美國政府的執政黨原本是共和黨，大選後為民主黨，他們共同攜手合作，與無黨派立場的公僕及兩黨議會領袖（偶爾）聯手，解除數個世代以來，最嚴重的資本主義危機。

我們3人都是自由市場力量的信奉者，也不願意拯救不負責任的銀行家和投資人，他們應該要承擔自己所犯的過錯。在條件允許的情況下，美國政府是必須用嚴格的條款處理金融機構的援助；但有時候，由於我們必須同時說服比較強健的機構以及比較孱弱的機構，讓他們共同努力補強金融體系以恢復大眾信心，也因而限制了援助計畫的嚴格程度。但是我們很清楚，束手旁觀、不採用任何干預措施以期待市場自然恢復，是不理性的處理方法。資本主義的那雙「看不見的手」是無法阻擋全面的金融崩潰的，唯有政府的這雙「可見的手」方能達成目標。金融體系的全面崩潰，會導致嚴重的經濟衰退，扼殺企業生存、限制發展機會，而且讓人們無法實現夢想。

事實上從許多數據來看，2008年的金融震盪，規模都比經濟大蕭條之前的震盪幅度更大，此次危機一開始所造成的經濟影響亦是如此。在2008年底，即使採取極為重要的激進金融介入措施，美國依然在1個月內失去75萬個工作機會，全年經濟衰退達到8%。這次經濟緊縮，是外界所知的2008年經濟大衰退（The Great Resession），但在2009年6月就結束了，隨後開始的經濟復甦，到了現在已過10年[3]，而且持續進行中——與過去的經濟危機相較，或者其他已開發國家在2008年金融危機之後的情況，美國的復甦著實令人印象深刻。

美國的股市、勞動市場以及房屋交易市場全都谷底反彈，提升至新高點。市場專家當初預測我們採用的策略之最後結果，是惡性通貨膨脹、經濟停滯與財政瓦解，他們也相信政府若營救瀕死的銀行及整體金融體系，將會讓納稅人付出上兆美元的代價，而且無法修復最根本的問題。但是，我們成功讓經濟成長，金融部門也相對迅速地重新運作，多項融資計畫的執行結果，讓美國納稅人獲得可觀的利益。2008年的金融危機，確實造成毀滅性的結果，對美國的各個家庭、廣泛的經濟系統以及美國的政治系統，都畫下一道深刻且長久的傷痕。但是，如果沒有美國政府最後成功採取的一致且強力的救援措施，想必當初的傷害必定會更加嚴重。

3　編註：本書英文版為2019年出版。

我們現在比較安全嗎？

美國與各國政府已採取大規模的金融改革措施，應該可以減少在近期發生另一次金融災難的可能性。現在的金融機構擁有更強健的資本、使用更少槓桿、具備更多現金，而且更少仰賴脆弱的短期融資，部分原因就是上述提到的金融改革。簡言之，我們制定的防範金融大火法規，如今已變得更為完備。不幸的是，預防措施永遠無法保證滴水不漏的安全，正如沒有任何一家建築可以全面防火。特別是在美國，政府的干預措施引發公眾強烈反彈，迫使政治人物削減防範金融大火相關部門應對下次危機的能力，並奪走危機處理者的重要權力，而政治人物也希望藉此避免未來必須提出紓困方案的可能性。然而現實情況是，無論立意何其良善，政治人物制定的限制，都很有可能讓下一次的危機變得更危急，造成更嚴重的經濟損失。他們相信，禁止紓困的法條可在未來完全避免紓困，但這其實是一種強烈且危險的錯覺。

社會大眾的反彈是無可避免、也可以理解的。美國政府消除金融恐慌以及修復金融體系的行動，雖然最後成功了，卻無法不讓數百萬美國人失去工作和住家。政府的行動，也無可避免地造福許多曾參與毀損金融體系運作的人，其中甚至有人是點燃金融危機火苗的人。但是，若下次金融大火燃起，美國可能會希望消防中心的準備措施更健全，並出現滅火工具皆備的消防員。2008年金融危機造成嚴重損失的其中一個理由，就是當時的美國政府缺乏工具，無法在火苗剛開始出現時立刻撲滅。我們非常擔憂，除非華盛頓當局出現顯著改變，否則未來的前線應對人員，可能只會擁有更少且更弱的工具——正如我們當年面對的情況，他們必須在火勢開始猛烈蔓延時，遊說政治人物協助。

我們希望美國可以做好準備，以應對下一次的大火，誠如美國詩人詹姆斯・鮑德溫（James Baldwin）所言：「因為大火最終都會到來。」所以我們認為，嘗試理解上一次的危機很重要——危機如何開始、如何散播、如何點燃熊熊大火；我們和同仁如何對抗火勢、哪些措施成功了以及哪些失敗了。我們擔心，如果一個國家無法從這次的金融潰敗學到一些教訓，就沒有辦法應付嚴重度更高的危機。

其中最重要的教訓是預測和避免，因為將金融危機所造成的傷害最小化的最佳方法，就是：不要出現金融危機。大多數的金融危機確實都依循相似的模式，因此，我們可以嘗試辨識一些帶有警告意義的訊號，如金融體系出現過度的槓桿，特別是在體系防火措施薄弱以及防火機構無法接觸的角落；抑或過度依賴短期融資。但是，我們應該謙卑看待人類預測恐慌的能力，因為我們還要預測其他人與複雜金融體系產生的互動行為。金融體系的本質是脆弱的，金融風險很容易回避管制障礙，就像河水流過岩石。我們沒有百分之百成功的方法能避免恐慌，就像我們沒有百分之百成功的方法避免過度自信或困惑。人類就是人類，因此我們認為思考危機的合理方法，就是採用佛教徒看待死亡的方式：我們不確定死亡發生的時間和環境，但可以確定死亡必然發生。

太晚應變將導致更多問題

2008年的金融危機，也讓我們收穫大量的經驗，學到危機處理的藝術和技巧。事先預測危機的出現固然艱難，但在危機早期階段，判斷這只是一場普通火災或五級大火，也是同樣地困難。讓失敗的公司倒閉通常是一項健康的行動，政策制定者不該因為市場觸發了安全氣囊，或大型銀行遭遇挫折就產生過度反應，沒有必要將所有事件都視為災難的前兆。太快提出應變措施，會鼓勵一些投機冒險者相信他們永遠不需因為懷有惡意的賭注而承擔結果，於是導致出現「道德風險」（Moral Hazard），並鼓勵更多不負責任的市場投機行為，使得未來發生危機。然而如果危機已清楚浮現，反應不足比過度反應是更加危險的，因此相較於太早應變，太晚應變將導致更多問題。因為若太晚應變，半數以上的措施都只是火上添油而已。

面對險峻的金融危機，當務之急永遠都是終結危機，即使終結危機很有可能導致道德風險。雖然過早處理確實會鼓勵民眾在未來採取更缺乏紀律的風險投資，但相較於當前金融體系崩潰所造成的問題，過早處理其實並非如此嚴重。金融恐慌出現時，決策者必須用盡所有方法加以平息，無論在政治上會產生何種錯綜複雜的影響、無論決策者本身的意識形態與信念，甚至無論他們過去曾說過什麼言論、提出何種承諾。搶救金融市場所付出的政治代價是非常高昂的，但是，經濟衰退所引發的後續問題將是更加嚴重。

對於如何改善處理危機所造成的政治反應，我們沒有簡單的解決方法，但我們確實希望自己可以提供2008年金融危機處理方式的抉擇脈絡，以就未來的危機提供第一時間有效應對的守則。我們將會嘗試回答關於當年決策的某些一貫質疑，例如為什麼美國政府並未挽救雷曼兄弟，卻協助美國國際集團；我們為什麼沒有在危機結束時，拆散華爾街上的巨型銀行。

我們也會討論2008年金融危機的其他教訓，例如配套措施的重要性。穩定金融體系的方法必須搭配振興經濟方案，才能穩定經濟市場；政府也必須管制不屬於傳統的商業銀行範疇，但依然可對金融體系造成相似風險的金融機構。我們將會討論在金融戰爭迷霧中的決策挑戰以及團隊成員的重要性；我們在財政部、聯準會、美國聯邦存款保險公司（Federal Deposit Insurance Corporation，FDIC）及其他機構中，建立有經驗且專心致志的專業團隊——他們願意合作而非相互競爭。我們討論危機後改革的權力和限制，我們又是如何認為改革的措施依然有改善的空間。雖然我們當中沒有任何一人是政治人物，我們依舊希望說明目前的政治運作過程；我們經常認為政治的過程令人感到絕望與氣餒，但有時卻能鼓舞人心。

政治運作的基調是最重要的。在美國史上最嚴重的危機時刻，小布希總統和歐巴馬總統皆具備政治勇氣，願意支持極度不受歡迎、但非常重要的金融體系干預措施。雖然我們3人都對國會有相同的不滿，但共和黨和民主黨的領袖願意在關鍵時刻合作，支持在政治上對他們非常不利的決策，將房利美與房地美改為國有，並援救整體金融體系。而他們合作的成果，也成為美國國會最近兩次同時受兩黨支持通過的大型法案。2008年的危機以及旋即而來的經濟衰退，嚴重地傷害了群眾對公家機關的信心，但我們相信美國對於金融危機的應對，展示了所有層級的政府官員，都能在追求公共利益的重大壓力下攜手合作。

我們知道，許多美國民眾不認為政府當年的危機應對是成功的，甚至不是合法的。我們當初的應變措施看起來很混亂，而且前後不一致，因為危機反應措施通常都是如此；我們必須在黑暗中探索，在金融體系的領域中探索惡龍藏匿的區域。一開始，我們遵守傳統守則，但現代的金融體系比過去更複雜，我們必須進行大量的實驗和逐步提高因應規模。

我們艱苦地面對金融大火，而我們不認為自己擁有足夠工具，於是我們艱辛地說服政治人物，讓我們擁有更強大的工具可應用。我們沒有任何充滿魔力的文字，可以說服社會大眾欣然接受銀行紓困方案或其他充滿爭議的政策，但我們只能繼續孜孜不倦地傳達我們的行動目標與理由。

我們希望現在可以提出更好的說明。2008年的金融危機，是一段痛苦的故事，但在某種層面上也是一段充滿希望的故事。而我們相信，這也將是一段有幫助的故事。

Chapter 1

Dry Tinder:
The Roots of the Crisis

火種：
危機的起源

2008年金融大火的火苗，來自美國次級房貸部門不負責任的借貸。但是，次級房貸只是信貸金融市場相對不起眼的角落。如果不是因為整體金融市場已開始累積乾燥的火種，也不會成為點燃全球金融市場的煉獄。次級房貸的崩潰，確實是金融危機的第一個起因，但還有更深刻的因素，讓原本脆弱的系統更易遭遇災難侵襲。為理解危機起源，知道火苗是如何點燃的很重要，也必須明白為什麼金融森林是如此容易引發火勢。為了知道如何降低未來危機發生之可能性與嚴重程度，我們應該釐清危機的起源。

歷史會押韻

歷史通常不會重複發生，但據聞馬克・吐溫（Mark Twain）曾說：「歷史會押韻。」2008年的金融危機，主要是依循過去的嚴重危機模式——金融崩潰導致大眾恐慌，大眾恐慌引發群眾瘋狂，就像經濟史學家查爾斯・金德伯格（Charles Kindleberger）提出的方程式。但加上時代的改變，讓我們更難預期與控制恐慌程度。2008年的金融大火，正如所有大型金融危機一樣，起點都是瘋狂的借貸，在市場過度有信心的時刻出現的信貸繁榮；一旦信心消失之後，信貸繁榮的泡泡旋即破滅。金融體系如實反應了景氣繁榮的過度自信。

金融機構建立風險過高的槓桿。大多數的槓桿形式，都是「可能造成擠兌」的短期債務，只要債權人感到緊張與不安，就會立刻崩解。大量風險移轉至不屬於傳統銀行系統的機構，法規管制與督導監察不足，用來保護銀行免於承受緊急狀態的安全網也無法觸及相關機構。許多金融機構藉由直接和間接的金融管道建立房貸敞口，其中包括房貸抵押擔保證券。在房市泡沫時期，這些證券被視為安全，一旦房市泡沫破滅，就會變得一文不值。這個情況導致投資人的恐慌開始蔓延，從劣等次級房貸抵押擔保證券，延伸至所有房貸抵押擔保證券。恐慌繼續傳播至與危險證券有關的公司，最後甚至影響其他公司，因為他們與投資危險證券的公司有關。恐慌，是有傳染力的。

過了10年，從「後見之明」(Hindsight Bias)的觀點，上述問題顯而易見；但在當時，並非許多人都能理解。縱然所有金融危機皆始於信貸繁榮，但並非所有信貸繁榮的結局都是金融危機。在21世紀最初那幾年，金融體系似乎更為穩定；2005年是美國自經濟大蕭條以來，第一次沒有銀行破產的年度。景氣繁榮遮蔽了美國面臨的嚴重長期經濟挑戰——收入不平等日漸嚴重、工資持續停滯、國家生產力緩速成長以及工作年齡男性的勞動參與力出現嚴重衰退——但整體而言，美國經濟呈現出一種非常好的狀態。

當時還有一種廣為流傳的樂觀信心，認為即使經濟遭遇困境，金融體系依然可以迅速地恢復。畢竟金融體系已在過去數十年間，順利捱過連續的輕微不景氣以及考驗，所以即便出現景氣衰退，銀行似乎也有足夠資產能吸收損失。在當時，幾位經濟學家曾經主張，金融領域的創新成果，如衍生性金融產品，據說能更有效地分擔風險，讓金融危機成為過去式。

但是，金融危機永遠不會是過去式。正如經濟學家海曼・明斯基（Hyman Minsky）提出的知名觀察，長久的穩定將會導致過度自信，而過度自信孕育不穩定。在繁榮時期，似乎有無限的現金在市場流動，資產價值註定永遠都會上漲。市場承擔了過量的風險，導致市場危機的影響程度，已超過風險承擔者本身。

在2008年金融危機爆發前，我們3人，沒有任何一人可以敏銳地察覺美國金融體系早已開始陷入的脆弱險境。但是，我們確實不相信金融危機只是昨日黃花，也許是因為我們的職涯中，有許多時間用於思考金融危機——柏南克在學術界、蓋特納在政府、鮑爾森則親自參與金融市場。身為普林斯頓大學（Princeton University）經濟學教授，柏南克的研究主題是美國經濟大蕭條，而經濟大蕭條是金融體系不穩定導致經濟沉淪的首要歷史研究範例。蓋特納是美國財政部以及國際貨幣基金組織（International Monetary Fund，IMF）的公職人員，曾親眼目睹墨西哥、亞洲與全世界面對金融危機時的挑戰。身為投資銀行高盛（Goldman Sachs）的執行長，鮑爾森參與了長期資本管理避險基金公司（Long-Term Capital Management）的衰落與俄羅斯違約事件。雖然我們沒有任何人率先憂心地發出警告，但我們3人都知道過熱的市場局勢會迅速走向崩潰，也不認為金融市場的創新產品與現代金融的複雜性，可讓我們對金融危機免疫。

金融體系是經濟的關鍵。但是，金融體系本身是脆弱的，至少金融體系符合現代經濟的組織方式時就是如此。在我們討論10年前哪些特定原因，讓金融體系容易受到恐慌的影響之前，我們也應探索為什麼金融體系過去、以前、以後，也永遠都會容易受到恐慌的影響。

信心遊戲

金融體系最根本的弱點，來自一個事實：銀行提供兩種重要的經濟功能，而這兩種功能偶爾會產生衝突。銀行讓民眾容易存放現金，提供比藏在床墊下更安全的空間以及更高的存款利率；銀行也利用民眾存放的現金提供貸款，讓民眾可針對購屋、購車及事業進行更高風險的金融投資，藉此改善生活水準，並促進經濟發展。換言之，銀行向民眾收取短期借款、向民眾提供長期貸款，此過程就是所謂的「期限轉換」（Maturity Transformation）。「期限轉換」可以是一種很有效率的方式，將資本分配在更有生產力的應用上，讓社會獲得能力，並將資源用於長期流通的投資，創造社會的富庶與進步；而社會上的個別成員，依然可在需要時從銀行取出現金。

但是，「期限轉換」也有一定的風險。無論短期借款或長期貸款，都很有可能發生「擠兌」（Run On The Bank，字面上的意義就是民眾跑向銀行提款），正如1946年的電影《風雲人物》（*It's a Wonderful Life*）中的情節：當貝德福德瀑布鎮（Bedford Falls）的居民急忙想取回自己的存款時，由詹姆斯・史都華（James Stewart）所飾演的喬治・貝利（George Bailey）必須向他們解釋，存款人以及向銀行提供貸款的其他人，他們的現金真正放在銀行的比例其實非常少。債權人對銀行失去信心，於是要求銀行歸還現金，在這種罕見的情況下，「期限轉換」就會發生問題，而且是非常嚴重的問題，因為債權人大多數的金錢已被銀行借給其他人了。即使是一家擁有償還能力的銀行，縱使資產價值高於債務，如果資產無法流通，不能支付債權人的即刻現金要求，依然可能會倒閉。

就像其他國家，美國也曾經想要減少上述提到的風險，方法就是藉由法規，限制銀行可承擔的風險程度，搭配政府向存款人提供的保險，減少存款人在銀行似乎出現不穩定情況時的擠兌動機。但是，多數接受民眾存款的銀行，依然仰賴未受保險且可引發擠兌的其他資金來源。如今，銀行擠兌已不需實際奔至「物理世界」中的銀行，只需點下電腦滑鼠即可。銀行與其他金融中介機構，也因此特別注意民眾的恐慌爆發情況。謹慎的管制措施能限制風險，但只要銀行依然仰賴「期限轉換」，而且向個人與企業提供本質上風險極高的貸款，那風險將無法根除。

更常見的論點認為，金融機構不像其他事業。其他事業的成功，主要取決於成本與產品、服務的品質，而金融機構的成功要素是「信心」。職是之故，信貸（Credit）這個字來自拉丁文的「相信」，而銀行（Bank）的英文本意，是將金錢存放在我們認為可以依靠的機構，也因而有些金融機構取名為「信託」。相同原因，傳統銀行的建築設計，大多採用花崗岩外觀與石柱，希望藉此展現保護、穩定的氛圍，好在脆弱的金融局勢面前，可以恆久經營。所有金融機構的營運都仰賴信心，但信心稍縱即逝。信心可能在任何時刻消失，無論基於理性或不理性的理由。尤其信心消逝時，通常非常迅速，而且難以挽回。

一場金融危機，就是一次極為明顯的擠兌風潮，一種貫穿金融體系的信心危機。當民眾感到恐懼，想拿回自己的錢，將會導致還留在金融體系中的錢更加不安全，於是讓更多民眾想把錢拿回來，最後引發恐懼、賤賣、資金短缺、融資追繳令以及信用緊縮的惡性循環，造成更嚴重的恐慌逃竄。一旦逃竄開始，最理性的選擇，就是擠兌以避免受損，而有稍微猶豫就可能造成致命的結果。在這種情況下，認知和理性思考具備同樣重要性，因為擠兌者會繼續擠兌，直到他們有信心認為自己沒有任何理性的原因必須擠兌，而且相信其他人也會停止擠兌。恐懼是人類的天性，群聚的心智影響效應極為強大，因此難以預測，也難以阻止恐慌逃竄。我們永遠不應該排除恐慌發生的潛在可能性。

換言之，只要承擔風險和「期限轉換」依然是金融體系運作的核心機制，只要人依然是人，這個世界就要面對金融危機。不幸的是，災難永遠都會發生。

那麼，究竟是什麼原因導致2008年的金融大災？

星火之源

2008年金融危機的前幾年，美國國內債務迅速累積，一般民眾的家庭債務出現危險的過度擴展。家庭債務在國內生產毛額（GDP）中的比例急速提高，蓋特納甚至將用於追蹤比例的圖表稱為「富士山」。美國與全世界的商業銀行、投資銀行、保險公司、房貸公司、金融公司、退休基金以及共同基金，都提供相同的信貸；更重要的是，上述金融機構都是仰賴向民眾借款進而提供信貸，總計累積價值36兆美元的槓桿資產，而且融資基礎非常脆弱。

作為一個國家，美國的生活水準已入不敷出，而且必須依賴其他國家放在美國的存款過活。來自國外的現金浪潮湧入美國，全球各地投資人不滿足於低利率及自家稀少的投資機會，紛至國外尋找更好且更安全的投資環境。柏南克認為，上述看似永遠無法滿足的資產需求創造了一種收入，他稱為「全球儲蓄過剩」(Global Savings Glut)，而「全球儲蓄過剩」創生了2008年金融危機的大量火種。

最大的信貸繁榮出現在美國的房貸市場。從2001年到2007年，美國平均每戶人家的房貸提高了67%，成長速度遠超過每戶人家的平均收入。新型的房屋貸款有些確實有用：協助民眾購屋，或者藉由房屋獲得現金以進行有價值的採購；但有些新型房屋貸款卻走向危險且無人探索的領域。在這個領域中，承保標準出現嚴重讓步，特別是讓收入較低的借款人獲得高風險的次級房貸。許多貸方同意讓所有申請者獲得完全等同於新屋價格的貸款，卻無視申請者的信貸紀錄——無論他們有沒有工作、是否提供證明收入或展示按月償還貸款的能力。還有借款人沒有任何收入、職業或資產證明的「忍者貸款」[1]，與謊報自己年收或資產價值的「騙子貸款」;「爆炸型可調整利率房貸」(Exploding ARMs)的初期利率很優惠，2年或3年後則直線上調——金融機構不惜任何方法，只為讓借款人在文件下方簽名。

1 編註：指給那些沒有收入、工作、固定資產的人(NINJA: No Income, No Jobs and Assets)的貸款。

一般而言，貸款債權人都有謹慎處理借款額度給借款者的強烈動機，因為他們必須取得還款才能獲利。但在2008年金融危機發生前數年，華爾街的金融企業為因應全球尋找看似安全資產的胃口，將房貸包裝成愈來愈細緻的房貸抵押擔保證券，賣給尋找高獲利空間的投資人。投資人的需求，也讓華爾街的金融企業對房貸產生同樣大的胃口，因為房貸可以作為有價證券的原始材料。如果房貸公司知道賣出房貸金融產品時不需承擔任何違約風險，就沒有任何動機尋找合乎資格的借款人。許多貸款公司承辦人收到的分紅，甚至取決於他們同意的貸款金額，而非貸款案件的品質。房貸成為有利可圖的金山、銀山，從房貸區分為許多不同風險程度的支付金流，再將支付金流重新包裝為複雜的有價證券，直到風險被詳細地切割，看似完全消失。當然，風險並未真正消失，只是被隱藏起來，然後稀釋至全世界。

房貸的「貸款並證券化」（Originate-to-distribute）模式，造成貸款者的不良動機，有些分析師將2008年金融危機的責任歸咎於此。從這個觀點來看，如果貸款人必須在貸款中保留更多沒有證券化的比例，就能完全避免金融危機，因為貸款人保留的比例愈高，他們自身的參與程度就愈高，於是就不會魯莽行事而不顧後果。但是，以上的模型依然有無法處理的問題，而且無法述說故事的全貌，因為許多貸款債權人和他們的母企業，確實規定了貸款與貸款抵押證券的比例，並接受貸款及抵押證券作為短期借貸市場的穩固擔保品。

各家金融公司，如全國金融（Countrywide Financial）是當時美國規模最大，且行動最積極的房貸貸款債權人，他們參與房貸證券化的程度甚深。該公司經營失敗的原因，是因為沒有發行足夠的貸款證券，消除高風險貸款的危機。他們就像嗑藥的毒販，發自內心地相信已經高聳入雲的房價，可以無止盡地違反地心引力。

歸根究柢，房貸過度繁榮的動力，就是對房市產生過度的樂觀主義。房價上漲讓貸款變簡單，而簡單就能取得的貸款則讓房價更高。市場上有一種廣為流傳的假設，認為借款人可購買的房屋數量，多於他們的負擔能力，而且不需承擔嚴重的風險，因為如果他們還款有困難，也可以再融資或賣屋獲利——多年來，這種樂觀的假設通常都是正確的。《美國經濟評論》（*American Economic Review*）在2014年發表的一項研究發現，房貸掮客及華爾街的銀行家，都在2008年金融危機爆發前的繁榮期間，將自己的錢投資在房地產。他們陷入狂熱，正如房貸抵押擔保證券的買家。歷史悠久長達150年的投資銀行雷曼兄弟，該公司執行長受到相似的誘惑，包括在景氣開始繁榮時，執行一筆嚴重受到誤導的巨型交易，以220億美元收購美國大型房地產公司拱石—史密斯信託公司（Archstone-Smith）。當時的信貸狂熱範圍廣泛，而且影響深遠。

恐慌大火中的汽油

無論如何，許多新發行房貸的劣等品質，已對金融體系的穩定性產生重大衝擊。房貸造成的直接損失，本身就是一個問題，縱然是能夠處理。但是，資產證券化的繁榮發展讓房貸轉變為證券，而證券已在金融體系中成為普遍的貨幣與擔保形式。房貸抵押擔保證券，通常都會獲得信用評比機構的3A評比，但信用評比機構的生計，仰賴於證券發行者繳交的費用，於是市場經常將資產抵押擔保證券視為與國庫券幾乎一樣安全。

資產抵押擔保證券被評為3A級，但評比的模型有瑕疵，且有一部分仰賴於市場相信即使房價在美國的某個區域下跌，也不可能同時在美國各地全面下跌。自從第二次世界大戰之後，這個觀點都是正確的，部分原因是稅務政策以及美國政府希望提高民眾擁有房屋之比例。事實證明，市場原本樂觀地假設，將在地理上分散至美國各地的房貸聚集為證券，可避免大規模違約風險，然而市場的假設是錯的。到最後，美國房價下跌超過30%，次級房貸違約與將近違約的比例，從6%提高至超過30%。在「沙州」(Sand States) 地區[2]，如佛羅里達與內華達，房價上升幅度最大，但其他地方的情況一樣惡劣。

2　譯註：在這個脈絡中，「沙州」是指加州、內華達州、亞利桑那州及佛羅里達州等4個州，由於這4個州都有沙漠或沙灘而得名。

請容我們重申，不是因為房貸比表面上更不安全，所以造成金融體系處於危險境地。金融體系會變得危險，是因為大量房貸抵押擔保證券已成為現代金融體系的基礎，讓整體金融體系的健全與否，取決於投資人對房貸市場的認知條件，而當時幾乎沒有人認清此點。即使房貸抵押證券的構成方式很直接且易懂、內容也透明，而且是在公共交易所進行交易，金融機構的運作必須仰賴房貸抵押證券依然是非常危險的一件事。但是，「擔保債權憑證」（Collateralized Debt Obligations，CDO），「擔保債權憑證平方」（CDO-Squared）以及其他新型金融產品的運作方式，通常複雜、難懂，且鑲嵌在隱藏的槓桿之中。此類金融產品的本意，應該是降低風險，方法則是藉由分散風險，並根據投資人的需求而量身訂做。但是，漫長的信貸繁榮即將結束時，在各種力量的匯流之中，新型金融產品讓整體金融體系更容易承受信心危機，且在危機開始後更難以保持穩定。一旦房貸情況開始惡化，以房貸建構的複合證券變得更有風險，相較於釐清各房貸抵押證券的風險，將證券全數賣出是更簡單且安全的處理方法。同時，買賣衍生性金融商品的市場——衍生性金融商品是金融資產，其價值用許多複雜的方式連結至其他資產——就像古代的大餐廳一樣混亂，數千位私人交易者總計擁有數百萬張合約，有時彷彿不可能釐清誰的手上有何種契約，誰又積欠誰何種義務。此現象代表在金融危機發生時，投資人和債權人都無法確定自己有何種敞口、交易方發生什麼事，而不確定性就像是澆灌在恐慌大火中的汽油。

然而在那個時候，次級房貸市場看起來不像是能將金融體系焚燒殆盡的威脅。次級房貸在美國所有應收房貸債務中的比例只有不到七分之一。引發2008年金融危機的違約和拖欠繳納，大多數集中在具備可調整利率的次級房貸，比例低於所有房貸的十二分之一。直接的計算顯示，即使所有次級房貸債務人都違約，損失也很輕微，憑藉大型主要銀行和其他債權人的資金緩衝能力便可輕易吸收。但是這個計算並未考慮——幾乎所有人都沒有考慮到——房貸的處理方式，已成為貫穿金融體系的恐懼感染源。

點燃火焰

鮑爾森在2006年7月離開高盛前往華盛頓特區任職時，高盛還在一個「虛擬保險箱」中，擁有價值600億美元的無負擔國庫券，雖不能作為擔保品，但也不會承擔交易所導致的任何風險。高盛已經明白，美好時光不會永久，市場恐慌會讓負責任的投資人被不負責任的投資人拖累。在金融危機之中，流動資產為王。

在21世紀初期，上述的謹慎態度並非華爾街主流。金融機構對於風險和槓桿成癮，在短期信貸市場中大量借款——特別是「第三方附買回交易」(Tri-Party Repo)及「資產擔保商業本票」(Asset-backed Commercial Paper)——藉此建立融資，在與房貸有關的資產和其他形式的私人信貸資產上進行賭注。有些金融機構執行長的確擔憂風險管理出現重大問題，但在信貸繁榮時期，猶豫可能造成沉重的代價。正如花旗集團(Citigroup)執行長查爾斯·普林斯(Charles Prince)在2007年提出的觀察：「只要音樂還在演奏，就該起身跳舞。」

不是所有的經濟泡沫，都會對金融體系造成威脅。在1990年代晚期，網際網路泡沫破滅時，投資人當初購買Pets.com等網路公司的股票，當這些公司破產後，投資人損失金錢，但並沒有引發連鎖反應，只有輕微的經濟衰退。真正的問題出現在泡沫的融資基礎來自借款，而借款會造成擠兌。槓桿很誘人，因為槓桿能獲得數倍的最終利潤。假設你付出100美元購買一個資產，並未採用槓桿，你以120美元賣出，你的獲利比例是20%。但如果你自己只出5美元，加上借來的95美元購買相同的資產，隨後同樣以120美元賣出，奇蹟的槓桿將為你創造400%的利潤(計算方式是自身成本5美元，獲利為20美元，因此是四倍的利潤)。

槓桿的壞處在於，你也有可能承受倍數的損失，相當程度地提高「完全毀滅性風險」的發生機率。如果你用相同的槓桿，設定購買同樣的100美元資產，但資產價值下跌至低於 95 美元，你原本的投資金額就完全消失了。倘若你的貸款債權人突然要求你還款，或強迫你增加額外擔保品，你可能會遇到一個嚴重問題，特別是你並未擁有一箱的國庫券作為緊急用途。你可能得立刻賣掉資產，藉此避免違約；若其他人擁有相似的資產，也決定採用相似的賤賣處置，那麼資產的價格就會更跌價，導致更多賤賣、融資追繳令以及違約情事發生，一切都付諸流水。如果你恰好經營一家金融公司，你的貸款債權人可能會不接受你開出的商業本票、不再接受你的隔夜贖回貸款，也許會強迫你追加更多擔保品，等同於現代版的銀行擠兌。在房市泡沫崩潰後，2008 年的金融恐慌就是以這種方式開始散播。

在 2008 年金融危機開始前，許多大型金融機構開始逐漸增加槓桿，某些公司平均 1 美元股本的借款金額已超過 30 美元，對於承受損失只有非常有限的保護機制。槓桿增加的金額都位於短期債務，近似於無保險的銀行存款，也就是可能會遭到擠兌的債務類型，如果債權人覺得緊張不安，就可在第一個危機跡象出現時撤回貸款。許多嚴重依賴槓桿的金融機構，藉由隔夜贖回貸款進行融資，規模非常巨大，彼此緊密相連，深刻地進入現代金融體系的結構中，因此如果現代金融體系遭到拆解，他們就會對整體金融體系造成危險。

不是「銀行」

以上就是讓金融體系變得容易起火的火源。使局勢變得更加一發不可收拾——而且更難預測或阻止的原因，則是許多金融機構嚴格來說都不是「銀行」。他們的行為像銀行，收取短期借款、提供長期貸款，但他們的運作不在商業銀行體系中，所以不會受到監督，也沒有銀行特許機構所具備的安全網。此種類型的金融機構，承擔風險的限制比較鬆散，有時候甚至毫無限制；他們不是具備承保存款的金融機構；他們沒有聯邦銀行常設的貼現窗口，只要商業銀行有需要，能夠向聯邦銀行申請緊急貸款。在2008年金融危機爆發前，美國金融體系裡超過一半的槓桿，都移轉至上述提及的「影子銀行」或「非銀行組織」——如投資銀行貝爾斯登（Bears Stearns）以及雷曼兄弟、房貸巨型公司房利美與房地美、保險公司美國國際集團、貨幣基金；各大企業集團的金融部門，如奇異資本（GE Capitals）及通用汽車金融服務公司（General Motors Acceptance Corporation，GMAC），甚至包括傳統商業銀行的非銀行分部。以上的公司機構，全部都參與了「期限轉換」的脆弱鍊金術——但是，他們沒有永遠不會擠兌的存款保險安全措施，他們採用的槓桿缺乏有效的管制限制，所以如果他們的融資付諸流水，也沒有能力尋求聯邦銀行的協助。

非銀行系統缺乏監督是非常危險的一件事，但美國金融管制的整體系統非常老舊，支離破碎，許多不同的官僚機構職務重疊並時常上演勾心鬥角戲碼。雖然商業銀行具備正式的督導管制，但監督商業銀行的責任分散在聯準會、財政部金融管理局（Office of Comptroller of the Currency，OCC）、美國聯邦存款保險公司、財政部儲貸機構監理局（Office of Thrift Supervision，OTS），外國的管制單位協助監督美國銀行在海外的分部，美國各州也有不同層級的銀行管制委員會，警戒程度和能力也各自不同。在某些例子中，銀行實際上可藉由改變自己的法定形式，選擇自己的督導者——全國金融公司轉型為儲蓄銀行，藉此享受儲貸機構監理局惡名昭彰的寬鬆管理——通常，商業銀行也有多個督導單位，彼此的職權分界並不明確。

商業銀行之外，其他金融機構接受的督導更是鬆散。房貸巨型公司房利美和房地美是「政府贊助企業」（Government-sponsored Enterprise，GSE），而兩者在華盛頓特區的督導者最沒有實權。美國證券管理委員會（The Securities and Exchange Commission，SEC）負責督導投資銀行，但該委員會並未嘗試限制投資銀行設置槓桿，或限制投資銀行依賴短期融資。證券管理委員會主要關心的事是保護投資人，就像商品期貨交易委員會（Commodity Futures Trading Commission，CFTC），其職權涵蓋許多衍生性金融產品市場。聯邦貿易委員會（Federal Trade Commission）、聯準會以及許多聯邦和州政府機構，都有不同的金融消費者保護責任，但沒有任何一個機構將此視為首要任務。

另外一個關鍵的差異，則是以上金融機構都沒有義務分析或避免發生系統風險，也沒有任何一個管制機構有責任保護甚至監控「整體系統」的安全與健全，因為他們的責任，是保護與監控「個別機構」的安全與健全；也沒有任何一個督導機關能清楚觀察非銀行體系和銀行體系的整體系統。沒有人評估衍生性金融商品的普遍安全性，或監控橫跨機構或管制權限的融資威脅以及其他類型的威脅。雖然美國聯邦存款保險公司擁有權限，能用迅速且有秩序的方式處理即將破產的銀行，但是沒有任何機構能在危機時刻擁有特殊權限可以介入，避免大型的非銀行金融機構陷入勢必造成混亂的破產結果。

我們3人在當時都對這個情況感到不安。2008年金融危機爆發前，我們在各自任職的機構中，建立了新的風險評估委員會以及專案小組，希望集中注意力分析金融體系的威脅。我們嘗試抵抗當時過度自信的主流趨勢，反對將危機視為過去的遺緒，呼籲必須建立更堅強的危機管理方法以及審慎看待極端風險的出現。但是，我們3人都沒有足夠的創造力與權力，無法用具體行動控制風險，我們當中也沒有任何一人發現即將出現無法控制的漩渦。即便我們過去都有過處理危機的經驗，依然無法預期這場在我們有生之年，所發生的最嚴重金融大火。

後來，有人曾問柏南克，在2008年的金融風暴之中，什麼事是令他最驚訝的？他的答案是：「整個危機都是。」雖然我們3人都擔憂政府沒有能力確保混亂複雜的金融體系能保持安全性與健全性，但我們並未想到金融體系已到崩潰邊緣。我們擔心金融體系可能發生不好的結果，不過即使在金融危機爆發前數月，我們依然沒有預見到金融危機會以何種方式爆發。舉例而言，我們和其他大多數分析師都未推測短期批發融資（Short-tern Wholesale Funding）會造成擠兌，因為短期批發融資大多都採用擔保品，以避免投資人出現違約問題。我們也沒有料想到，在恐慌時期，投資人甚至不願將高品質的擔保品——在急速下跌的市場中，債務人將會被迫快速賣掉擔保品——視為足夠的保障機制。

上述的預測失敗，有一部分是因為分析師無法想像，另一部分的原因則是政府的機構組織問題。美國政府沒有高層機構具備職權和責任，必須監控或處理金融體系的風險。東拼西湊的管制系統過於破碎，當時發生的許多問題都不在監督者的視線範圍之內，或者被視為其他人的職權。2008年金融危機特別難以預期，因為此次危機不是一個或兩個顯著因素造成的結果，而是因為許多逐漸變化的趨勢所構成的複雜互動：金融槓桿的爆發、依賴可擠兌的短期融資、風險移轉至影子銀行系統、「大到不能倒」（Too-big-to-fail）的金融機構崛起以及愈來愈多內含劣等房貸機制的複雜金融商品孳生。以上每個因素，都可說是在隨後爆發的金融危機中的起因，但其實是它們之間持續不斷的互動關係，導致一場特別危險的恐慌。

當然，我們不是唯一一群預測失敗的人，2008年的金融危機讓許多人出乎意料。後續危機調查帶給人們的其中一個啟示，就是預測金融崩潰是極其困難的。某些人對某些事物有先見之明，但我們不能將先見之明作為符合現實需求的危機避免策略。

在毀滅之前，很難修復

金融體系的本質就是脆弱，政策制定者，包括立法者，只能讓系統保持大致相同的脆弱程度。從「後見之明」來看，我們知道美國政府顯然無法限制引爆金融危機的過量融資。

舉例而言，我們現在已經很清楚美國政府讓大型金融機構建立太多高風險槓桿、並未堅持金融機構必須保留足夠資金，作為槓桿另一端的平衡機制。一個金融機構愈是仰賴借款，自有資金愈少，則暴露在金融震盪的程度就愈高。資金是金融震盪的吸收機制，能協助金融機構承受損失、維持市場信心，並在危機期間維持償債能力——就回顧的角度來說，美國的金融機制需要更多資金。但是，我們的觀點只是

「後見之明」，在當時，銀行能輕而易舉地超過法律規定的必要資金需求，管制者也不認為自己可要求銀行提高資金需求。紐約聯邦準備銀行確實要求受其管轄的銀行必須進行「壓力測試」，建立經濟衰退及其他類型金融震盪的分析模型，然而當時的繁榮景氣已經持續太久，銀行根本無法想像會發生什麼可怕的結果。沒有任何一家銀行的預期發展情況，會認為未來將嚴重折損其原先保有的緩衝資金。長久平靜時代的一個缺點，就是：志得意滿。

從事後的角度觀察，才能清楚知道，以過去歷史作為基礎、原用於保護銀行不受近年相對輕微的經濟衰退造成的損失之銀行資金規定，確實不夠保守與謹慎。管制單位允許銀行將太多品質不佳的資本納入其法定存款準備率，而不是堅持銀行要提出能吸收損失的普通股權益。督導者也沒有發現，銀行在複雜的衍生性金融產品以及不需納入損益計算的金融工具之中隱藏多少槓桿，讓銀行的資本額比實際上看起來更多。這個情況並非銀行刻意欺瞞，銀行本身經常無法完整評估自身暴露在風險投資之程度。關於房市的風險，大多數銀行家和其客戶一樣都過度自信。

儘管商業銀行的限制很薄弱，但相關限制依然讓價值數兆美元的槓桿，移動至不受限制的非銀行體系。更嚴格的銀行資本層級限制——在這個層面上，或者是銀行必須持有的流動資產限制以及銀行仰賴短期融資的程度——都有可能讓更多槓桿移動至資本程度更低的、不受聯準會的安全網保護的影子銀行系統。風險，就像愛情，總會找到出路。以上就是金融體系管制的矛盾之處以及內在危險，支離破碎的管制系統針對不同機構設置不同標準，某些機構自稱為「銀行」，另一些機構則採用其他名字。在2008年的金融危機中，最脆弱的機構在技術上並非銀行，雖然其許多商業模式的層面與銀行相同。美國銀行資本規範最危險的問題不是過於薄弱，而是應用範圍過於狹隘。魯莽地進行房貸投資且融資基礎最不穩定的機構，資金緩衝能力也最薄弱，但此種機構的運作，多數都不在管制機構的控制範圍中。

理想上，美國應該要有更堅強、完整的管制系統及更嚴格主動的管制者，但在景氣繁榮時期，沒有太多人有政治動機提出任何相關的嚴格金融管制措施。美國聯邦存款保險公司在2003年的年度報告中，還有一張照片是聯邦管制官員與銀行遊說人，一起拿著電鋸切斷象徵政府繁文縟節的紅帶，反映那個年代輕視官僚體系控制市場機制的態度。如果當時主流觀點是不歡迎更嚴格地執行對銀行體系的限制，顯然也會更加厭惡政府針對非銀行系統的管制。金融產業的利潤缽滿盆滿，他們想要捍衛特權，投入比從前更多的資金進入華盛頓特區的遊說世界及各個政治人物的政治獻金。1999年，美國眾議院通過一項重要的金融解除管制法案，名稱是《金融服務現代化法案》(*Gramm-Leach-Bliley Act*)，在2008

年金融危機爆發前，國會對金融問題的主要討論焦點是「下一個解除管制法案」，而不是恢復管制措施。

真正的「道德風險」

我們3人都知道，如果沒有一場關鍵危機，想要推行改革可說難如登天，最好的例子就是房利美與房地美。這2家公司擁有或核可美國半數的住家房貸。我們3人在2008年金融危機爆發前，都曾表達過擔憂，認為他們的資本額嚴重過低，而且沒有獲得應有的管制。房貸市場的參與者認為，政府既然頒發特許執照給房利美和房地美，那麼如果這2家公司陷入危機，政府必會出手拯救，因此其他金融公司就認定，堆疊房貸槓桿是一種安全的投資——這就是真正的「道德風險」。

柏南克於2005年在小布希執政的白宮經濟顧問委員會（Council of Economic Advisers，CEA）擔任主席時，曾想推動改革，強化他們對金融機構採取風險投資的監督能力與限制，但是房利美和房地美在國會山莊擁有強大的盟友，因此改革理想最後無疾而終。鮑爾森在2006年前往華盛頓特區任職時，也懷有改革夢想，最後與民主黨眾議院議員的巴尼．法蘭克（Barney Frank）共同推動一項獲得兩黨支持的妥協法案，限制房利美和房地美的投機行為。眾議院順利通過該法案，但送到參議院時卻遭擱置。於是改革必須得等到房利美和房地美瀕臨危機時，才會成功。

當景氣繁榮時，若想改善金融體系的穩定性，只會得到令人氣餒的結果，部分原因是因為金融體系的外表看似健康。鮑爾森曾率領財政部推動金融管制系統的重組計畫，提供金融危機發生後的改革藍圖，但鮑爾森的計畫問世後卻遭到嚴重的忽視。柏南克在聯準會任職時，也設置了一個「金融穩定小組」，他親自督導制定更嚴格的監督標準，試圖限制銀行的商業房地產及其他風險敞口。蓋特納與其他美國機構和外國單位發起一系列措施，目的是改善金融體系的風險管理，以圖更謹慎地留意金融危機所造成的風險。

2005年，紐約聯邦準備銀行率領其他管制單位進行改革，強迫華爾街最重要的衍生性金融商品交易人，必須更新老舊的辦公室設備、採用現代化的系統，因為在過去的交易系統中，衍生性金融商品的交易文件往往只用傳真機送到一台沒人注意到的機器，而交易內容過了幾個月後並未獲得確認。雖然改革措施降低引發市場恐慌和混亂的潛在危險，但並未減少金融體系的槓桿操作。各家金融公司不願減少自身高風險衍生性金融商品的敞口，因為他們不願失去自己的市場占有率；單純建議金融機構謹慎行事，是無法構成真正的阻擋力量，以應付當時盛行的樂觀想法。當時的金融市場，就像早年的荒野西部，即使有了更好的水管系統，危險程度依舊未減。

我們盡了微薄的努力，希望讓金融體系變得更當責，但充其量只是在馬匹逃出穀倉很久後，才關上穀倉大門。舉例而言，柏南克擔任聯準會主席之後，終於決定取締沒有實際文件的貸款以及其他嚴重違規的房貸案件，但等到新的管制法規終於篳路藍縷地通過立法時，金融危機已經開始了。美國聯邦管制機構對於限制不負責貸款方案的範圍，也遠低於他們實際需要的職權。2005年，銀行和儲蓄銀行在美國聯邦政府的監控之下，只能同意發行20%的次級房貸，但當有問題的貸款成功發行與證券化後，管制機構卻沒有任何方法取消，所以也無法避免金融體系隨後產生蔓延的恐慌。

我們確實應該更早且更強硬地推動改革，但是打擊房貸違反美國政治傳統，遑論會深刻地影響美國房地產產業。長久以來，美國兩黨都有一個共識，認為擁有自己的房子是美國夢的本質，房貸繁榮可以讓實現夢想的美國人數更勝以往，因而受到廣泛歡迎，在房貸繁榮高峰期，擁有房子的美國人比例，也創下破紀錄的69%。次級房貸特別受到讚賞，因為次級房貸實現了「信貸的民主化」，有助於低收入家庭，特別是少數族群，他們一直以來都被拒絕在美國夢的大門之外。華盛頓特區幾乎沒有人支持嚴格審查輕鬆通過的借貸抵押，因為這個金融機制可以讓租屋族成為有屋族，雖然其中一些新買家確實遭到剝削。

一般而言，經歷過經濟大蕭條，與金融體系共同演變的管制系統應該可以減少槓桿、短期貸款、影子銀行運作，甚至是複雜難懂的房貸抵押擔保衍生性金融商品同時出現爆發性成長，藉此阻止恐懼在金融體系中流竄。但是，實務上美國的管制系統並沒有能力拆除炸彈，景氣繁榮時期的政治運作也沒辦法進行系統改革。美國缺乏足夠動力去推動立法或管制，減少看似非常遙遠的金融危機發生之風險。即使政策制定者觀察入微，發現金融危機的風險，但是我們也很難想像美國政府可說服已陷入狂熱的成年人們，願意改變自身合法但卻冒高風險的投資行為。

並未發現火花

不過無論如何，我們都不是能洞見未來的人。

到了2007年春，房市的繁榮時期顯然已經結束，次級房貸市場受到重創。但就業市場依然強健，銀行資本也看似健康。我們當時不相信房市泡沫的崩潰，能在房地產領域之外產生重大的金融或經濟衝擊。「對於廣義的經濟和金融市場，次級房貸問題所造成的衝擊，應可獲得控制。」2007年3月，柏南克在眾議院作證時表示。鮑爾森也曾在同年春天主張，次級房貸的問題「大多數都已經受到控制」。美國經濟前景看似沒有問題，2007年也維持合宜的經濟成長率。

2007年3月，蓋特納在夏洛特演講時，曾警告應該留意

「我們所謂的『不良尾端反應』(Adverse Tail)，或者稱為『負面極端反應』(Negative Extreme)」。蓋特納推測，次級房貸的崩潰，可能導致「正回饋發展」(Positive Feedback Dynamics)[3]，也是一種惡性循環，違約和風險暴露不確定性的恐懼造成賤賣，爾後賤賣引發融資追繳令，因為以房貸作為抵押的擔保品看起來更不穩定，於是交易方的信用程度下降，導致更多房屋賤賣。蓋特納的預測，準確描述了2008年金融危機的實際情況。但是，蓋特納在2007年演講時的結論認為，這個情況不太可能發生。「以目前的情況判斷，幾乎沒有跡象顯示信貸市場其中一個部門的崩潰，將會對整體信貸市場產生長久衝擊。」

但是到了2007年夏天，惡性循環出現了。次級房貸的貸款債權人：全國金融公司幾乎快把手頭現金燒光，而該公司最大競爭對手更是走向破產一途。2家由貝爾斯登資助的避險基金公司（其中包括「提高槓桿基金」〔Enhanced Leverage Fund〕，這家避險基金取名時，增加槓桿操作依然是值得吹噓的一件事）在房貸投資組合失敗後，也破產了。

根據當時所知的消息，我們的假設似乎是合理的，次級房貸承受的大屠殺，可能會在信貸市場引發一些小混亂，不

3　譯註：正回饋發展的字面雖然有「正面」(Positive)，但這個名詞沒有價值判斷，而是中性地描述一個系統獲得輸入（Input），產生結果（Output），而結果影響了輸入，被影響的輸入再度影響結果，導致結果放大，也就是循環影響。

會造成更大的損傷。但是，我們把事情想得太美好了。我們的分析著重在適當程度和範圍的次級房貸，並沒有考慮到無法量化的恐懼變數。我們並未預期房貸抵押擔保證券的複雜性和不透明性，可導致債權人和投資人決定切割任何與房貸有關的人事物，影響範圍超過次級房貸問題本身。我們也沒有預期到關於房市的其中一個層面的壞消息，竟然也會催生經濟學家蓋瑞·葛頓（Gary Gorton）所說的「大腸桿菌效應」（E. Coli effect）：少數漢堡肉遭到大腸桿菌汙染的意外事件讓消費者膽顫心驚，於是決定放棄購買所有肉製品，而不是去釐清究竟在全國某處哪家店的肉排遭到汙染。

次級房貸確實是個問題，但如果次級房貸沒有引發金融體系的大恐慌，也就只是次級房貸借貸雙方的問題而已。在那次金融危機中失去住家的民眾，有超過半數應該要在2008年9月，金融體系徹底失敗或接近完全崩潰後才會承擔險惡的結果。如果沒有出現恐慌，次級房貸問題將可獲得控制。是恐懼，讓孤獨的星火點燃，成了一座煉獄。

縱使知道金融煉獄的人類心理起源，也不足以減低煉獄的危險程度。防火系統已經失敗。現在，金融體系的命運，取決於滅火機制。

Chapter 2

The First Flames:
August 2007-March 2008

初火：
2007年8月至2008年3月

2007年8月9日，法國最大銀行法國巴黎銀行（BNP Paribas）宣布凍結3個持有美國次級房貸抵押擔保證券的基金，並將問題責怪於次級房貸抵押擔保證券市場「流動性完全消失」。我們對於危機已有足夠的知識，知道法國巴黎銀行的舉動就像山雨欲來風滿樓，但我們完全不明白這個事件將會惡化並轉變為數世代以來最嚴重的金融危機。

這個新聞讓人緊張不安的原因不只是次級房貸抵押擔保證券的價值下跌，而是法國巴黎銀行表示，他們根本不知道如何判斷相關證券的價值，因為沒有人想要買入，無論「證券的品質如何」。像這樣的初步害怕與不安，就是恐懼的原料。銀行開始囤積現金，銀行之間借貸現金的利率大幅提高，容易擔憂的投資人撤回投入其他融資方案的現金，以避免遭到凍結。

在任何一次金融危機的早期階段，政策制定者必須經常調整應對力道，因為他們並非完全明白自己所面對的情況。如果政府在出現第一個危機徵兆時立刻開始進行搶救措施，可能會導致真正的道德風險問題，鼓勵市場採取不負責任的投機，扶持無法自力更生的「殭屍銀行」（zombie bank）[1]，導致金融體系在未來的某個時間點，從更高的地方跌落懸崖。

1　譯註：殭屍銀行是指淨值小於0（為負數）的銀行，但受到政府或私人信貸支持，可繼續營運。美國經濟學家艾德華・凱恩（Edward Kane）在1980年代提出這個概念，後續則用於分析1993年的日本金融危機。

但是相較於反應過度，如未盡力搶救，可能會造成更嚴重的代價與傷害。柏南克的學術研究結果指出，在經濟大蕭條年代，過於膽小的中央銀行會招致更嚴重的結果。蓋特納在面對拉丁美洲和亞洲的金融危機時，也親眼目睹政府過於緩慢而且不足的應對措施，引發市場恐慌加速蔓延。不幸的是，金融危機本身並不會明確提出宣告，讓市場知道這次的危機只是獨樹一幟的小火災，終將自行熄滅，還是一場系統性的災難，將會燒毀金融體系的核心。政策制定者只能一邊對抗危機，一邊釐清。

金融危機的早期階段通常令人難以記住。時至今日，美國人記得政府介入搶救貝爾斯登、房利美、房地美、美國國際集團，最後拯救了整個金融體系。但是在對抗金融大火的早期階段，我們其實斷然拒絕要求政府紓困的金融機構。聯準會後來轉而使用非傳統的中央銀行借貸方案，是希望恢復金融體系的流動性。在金融火勢愈演愈烈之後，美國政府才開始激烈地提高搶救規模。早在大多數家庭感受到大衰退的衝擊影響之前，金融體系的穩定性已開始腐蝕，即使我們在2008年金融危機早期階段採用的溫和介入措施，也被批評為是方向錯誤的過度反應，只用於搶救不負責任的投資人，引發道德風險。

在2008年金融危機期間，我們3人共同合作，每天都會彼此交流，通常都是一天之內進行數次討論。由於最初的問題是缺乏流動性，財政部當時的金融管轄權有限，幾乎所有的早期處理行動都是來自聯準會。

白芝浩應對手冊

在承平時期，中央銀行的主要角色是調低或提高利率——藉此刺激經濟成長，或踩剎車避免通貨膨脹。但如果市場信心受損，信貸市場停止運作，中央銀行也可成為「最後的貸款人」；如果民間機構不願提供貸款，中央銀行將會向有償還能力的金融機構提供資產流動性。聯準會的最後貸款功能，就是外界所說的「貼現窗口」（discount window），向面臨現金困難的任何一家商業銀行提供緊急資金。貼現窗口措施的目的，在於讓銀行能配合債權人（存款者）撤出資金，銀行不需賤賣資產，導致市場不穩。除了存款保險，加上美國聯邦存款保險公司井然有序的處理措施，避免沒有償還能力的儲蓄機構陷入倒閉危機，美國聯邦政府其實具備非常強大的處理措施，保護傳統的銀行系統。

不幸的是，傳統的銀行系統已不再主導美國的金融運作，也不是美國金融運作問題的核心。但是在 2008 年金融危機的早期階段，貼現窗口自然地成為起始點。

英國記者華特．白芝浩（Walter Bagehot）在 1873 年寫下中央銀行運作的聖經《倫巴底街》（*Lombard Street*），此書依然是各國政府中央銀行應對危機時的關鍵守則。白芝浩相信，阻止擠兌的唯一方法，就是讓全世界知道沒有擠兌的必要，讓有償還能力的金融機構可輕鬆取得信貸，直到市場恐慌消失：「自由且勇敢地提供貸款，群眾才有可能相信你確實願意提供貸款。」但是，此時的貸款必須付出昂貴代價——白芝浩建議採用「懲罰利率」，並收取穩定的擔保品作為安全保障，保護中央銀行不會受到違約的損失，因此唯有在危機持續時，金融機構才會願意申請此種貸款。其目標是當民間機構無法提供貸款時，讓市場可取得公共機構的現金，藉此抑制恐慌並穩定信貸。柏南克的研究結果顯示，阻塞的信貸管道將毀滅經濟，聯準會不願在1930年代提供信貸流動，也助長了經濟大蕭條。

法國巴黎銀行的新聞，導致典型的資金流動短缺問題。由於債權人對於擔保品更為嚴格，縮短貸款融資的繳納期限，因此現金會流動至更安全的資產。歐洲中央銀行迅速提出1300億美元資金，投入凍結的信貸市場，在公開市場上購買證券。美國聯準會用620億美元購買國庫券，並提出聲明鼓勵銀行從貼現窗口借款。即使上述行動只是教科書式的標準應對措施，在當時也被批評是規模過大以及時機過早。英國的中央銀行是英格蘭銀行（Bank of England），而英國中央銀行總裁默文・金（Mervyn King）批評歐洲中央銀行與美國聯準會對市場波動的反應過大。1個月之後，默文・

金的國家發生150年來第一次擠兌後，英格蘭銀行也提供相似的資金流動性措施。在聯準會內部，聯邦公開市場委員會（Federal Open Market Committee，FOMC）的幾位委員希望在貼現窗口附加嚴格條件，藉此避免道德風險。但是，柏南克和蓋特納不希望讓已向聯準會借款的銀行因而沾上汙點。我們不想讓銀行遠離貼現窗口；我們希望銀行借用聯準會的錢。

提供資金流動性可幫助市場恢復冷靜，但即使沒有複雜繁瑣的條件，聯準會的「歡迎借款」訊息，也無法吸引銀行使用貼現窗口措施。雖然聯準會提供保密貸款，但銀行還是害怕如果市場得知他們支付懲罰利率，會讓銀行顯得脆弱與無望。這就是所謂「汙點」問題的本質，金融機構不願接受政府幫助，即使政府的幫助是恢復廣大金融市場穩定性的關鍵。聯準會希望讓貼現窗口貸款更有吸引力，方法是降低懲罰利率並延長銀行還款期限。聯準會從來不曾因為貼現窗口提供的貸款而損失一毛錢，因此以上方法只是非常輕微的提高吸引力措施。但是，許多「注意通貨膨脹的老鷹」（Inflation Hawk）[2]及聯準會內外的懷疑論者認為，中央銀行應讓市場自行調整，而不是採取中央銀行自認健康且必要的去槓桿化介入措施。「我明白行動的急迫性——實際採取應對措施，

2　編註：願意允許利率上升以控制通貨膨脹的人。

或至少讓民眾看見政府有所行動——都是必要的。」里奇蒙聯邦準備銀行（Richmond Fed）總裁傑佛瑞·雷克（Jeffrey Lacker）曾說，「但是，我認為聯邦準備銀行必須避免扮演『修繕先生』的角色。」

然而，聯準會存在的目的，就是在信貸市場凍結時採取行動。如果民眾無法取得房屋貸款、汽車貸款、學生貸款以及商業貸款，經濟就會開始衰退。注意通貨膨脹的老鷹相信通貨膨脹是更危險的事，即使金融危機開始惡化，他們依然抱持相同信念。但是，從柏南克的觀點來看，在信貸危機的關鍵時刻，聯準會過度執著於避免通貨膨脹和道德風險，已在過去導致一次經濟大蕭條。他不會讓聯準會促成第二次的經濟大蕭條。

以上爭論，也是金融危機期間政治紊亂的早期跡象。法國總統尼古拉·薩科吉（Nicolas Sarkozy）曾建議鮑爾森找個合適的反派，讓反派承受必然出現的公共輿論不滿。薩科吉建議讓信用評比機構成為代罪羔羊，因為信用評比機構將劣等的證券評比為3A等級。「你們需要一個簡單的故事，我知道你們不想責備銀行家。」薩科吉如此取笑鮑爾森。但是，我們不認為自己的職責是將金融危機的責任怪罪於任何人。我們只想修復金融危機。

提供賣權的柏南克

白芝浩提出的解決方法，是應付流動性停滯的必要措施。我們希望這個方法可平息市場恐慌，穩定局勢，而且不必刻意維持金融繁榮。我們不希望向金融體系提供過多政府援助措施，而是維持在保護整體經濟的必要程度。

資本主義仰賴「創造性毀滅」。如果有人製造出更厲害的捕獸夾，那麼原有的捕獸夾製造商就要適應或被市場淘汰。自動汽車廠取代二輪馬車廠，隨後市場會決定哪些自動汽車廠可以生存。相同原則通常也可應用至金融企業，強大、機智而且可靠的金融機構得以蓬勃發展，不負責任與管理不當的金融機構則遭汰除。一般來說，企業倒閉是好的現象，因為可讓倖存者行事更加謹慎。在危機的早期階段，關於違約的假設應該是讓私人金融機構面對自身錯誤的結果，雖然他們通常都會呼籲政府出手協助；而政策制定者也會受到壓力，必須採取行動證明自己「確實聽見了民間的聲音」。不是所有的泡沫破碎或市場崩潰之後，都會造成大災難。我們確實可讓金融大火燃燒片刻，只要能夠控制損傷程度；火焰可以清除矮樹叢，提升金融森林的韌性。在某種類型的資產泡沫結束後，必然會有一定程度的金融損失，但是若想避免所有的去槓桿化或維持根本無法維持的繁榮，只會適得其反。

然而，嚴重的金融恐慌通常無法自行修正，如果恐懼和不安獲得太多動能，火勢就可能失去控制。假設政策制定者的反應過慢——因為他們不認為這次的危機很危險，因為他們太在意避免道德風險，或因為他們過於擔心政治上的結果——恐懼就會慢慢吞沒謹慎堅強的投資人與魯莽脆弱的投資人，同時傷害無辜的旁觀者及建立過多金融槓桿的投機者。恐懼有傳染性，正如墨西哥在1990年代的債務問題導致市場質疑其他新興拉丁美洲經濟體發行的債券，造成所謂的「龍舌蘭效應」（Tequila Effect），2007年的次級房貸違約問題也讓市場懷疑應該更為安全的Alt-A房貸[3]，甚至包括主要房貸，影響了最大的借款人。以健康的市場調整機制來說，讓不負責任的投資人承受痛苦與對整體金融體系造成無差別傷害的恐慌之間，只有模糊且難以分辨的界線。面對金融危機，我們不應訴諸絕對自由市場主義或道德風險純淨主義，因為系統危機對於借貸、工作以及收入都會造成嚴重的風險，而處理金融體系風險幾乎都要仰賴政府的主權信貸取代私人信貸，讓政府的金錢承受風險，也因此必然會導致一定程度的道德風險。這種處理方式很混亂，也令人討厭，但勝過金融體系出現內部崩潰，造成經濟陷入混亂。

3 編註：全稱是「Alternative A」貸款，泛指那些信用紀錄不錯或很好的人，但卻缺少或完全沒有固定收入、存款、資產等合法證明文件。這類貸款普遍被認為比次級貸款更「安全」，而且利潤可觀，畢竟貸款人沒有信用不好的「前科」，而其利息也比優質貸款產品高1%至2%。

投資人永遠都會施加壓力，要求中央銀行提出更多刺激市場的措施；也永遠會有政治壓力要求中央銀行減少措施，讓投機者學到教訓。柏南克並不想傳達出讓陷入困境的金融市場知道中央銀行將會提供無限制援助的訊息，進而出現所謂的「提供賣權的柏南克」(Bernanke Put)[4]之稱，但他絕不希望金融崩潰徹底扼殺信貸並重蹈1930年經濟大蕭條的覆轍。真正的挑戰在於釐清金融體系真正需要的援助金額，而不是聽從金融市場想要獲得的援助金額。

政策制定者不能相信他們從市場參與者口中聽到的所有資訊。即使信用最好的人，都有可能提出對自己有利的說法，無論是否有意為之。但是，我們的彭博終端機(Bloomberg Terminal)[5]無法提供理解金融市場風險持續增加的所有必要資訊。我們持續用電話聯絡在其他機構與其他國家的對應人，也定期和紐約與全美各地負責營運大小金融機構的執行長溝通。有時候，他們會讓我們知道客戶目前的資金流動程度及銀行方面的想法；有時候，我們只是需要從他

4　編註：承襲自「提供賣權的葛林斯潘」(Greenspan Put)而來，尤其他在美國次貸危機期間大舉紓困的做法，更加使外界對此一封號深信不疑。柏南克本人不喜歡這個封號，曾拜託大家不要再這樣稱呼他。至於「提供賣權的葛林斯潘」此一稱謂，是因為葛林斯潘在1987年及1989年股市大跌、1998年長期資本管理公司宣告倒閉以及在2000年股市泡沫化後，均大舉挹注資金來穩定市場，這種做法無異提供一賣權(Offering A Put)給投資人，使他們可將損失控制在有限度的範圍內。

5　譯註：彭博終端機是彭博社推出的一套電腦軟體，可即時獲取金融市場數據及分析結果。

們的聲音，確認他們害怕的程度；有時候，他們故作自信；有時候，則是請求援助。他們通常都不太清楚眼前的風險。我們必須釐清所有混亂與自私的訊息，才能決定何種行動符合公共利益。

如果銀行家必須證明自己有信用

第一個要求聯準會直接提供協助的公司是全國金融公司，該公司是在房市繁榮中建立超額槓桿的典型代表，金額高達2000億美元。在2006年時，全國金融公司建立的房貸比例為全美五分之一，但在金融危機剛開始時，全國金融公司債務金額的保險費用在1個月之內提高了800%。執行長安傑羅・莫茲羅（Angelo Mozilo）堅持公司運作正常。有些分析師認為全國金融公司的資金流動性正在逐漸萎縮，莫茲羅則批評他們就像在電影院中大喊「失火了」的人。但是，正如白芝浩的著作所說，恐嚇是無法恢復市場信心的。「每位銀行家都知道，如果他必須證明自己的信用，無論他的論述多麼高明，事實上他已經失去信用。」

全國金融公司的個案研究，顯示了當時金融體系的所有弱點：過度仰賴低品質的房貸、管制仲裁問題，特別是會造成擠兌的短期融資。首先，全國金融公司的某些債權人不再

「轉遞交易」(rollover)[6]商業本票，而是強迫全國金融公司賤賣資產以償還貸款。隨後，在8月15日當晚，全國金融公司的清算銀行紐約梅隆銀行（Bank of New York Mellon，BoNY）似乎決定拒絕「重行結算」(unwind）價值450億美元的附買回協議——意思是說，在新的貸款人準備重整時，全國金融公司的償還義務已經到期，但紐約梅隆銀行拒絕擔保暫時的償還義務——紐約梅隆銀行的舉動，代表他們不願保障全國金融公司的穩定性（附買回協議是金融機構公司廣泛使用的一種短期借款形式，並未受到政府的保障，但借款人將會投入金融資產作為擔保品）。紐約梅隆銀行展現的不信任投票，可能引發全國金融公司作為擔保品的證券遭到更大規模的賤賣，甚至造成全國金融公司承受擠兌。

紐約梅隆銀行表示，聯準會必須保證如果梅隆銀行因為全國金融公司的敞口承受任何的日內（intraday）損失，聯準會將會補償，他們才願意重行結算。但是，這個要求實質上就是要求聯準會保障所有的附買回協議，因為陷入相同困境的公司都會希望自己獲得相似待遇。同時，莫茲羅希望聯準會讓全國金融公司極度缺乏現金的分公司可從貼現窗口借

6　譯註：rollover在不同的金融運作中有不同的常見譯名，例如本書在此處採用的轉遞交易，也有翻譯為「轉倉」，但整體的意義相似，係指在交易到期日時，本應進行結算，利潤或損失都會實現，藉由轉遞交易可避免實現利潤或損失，並延展交易日期。

款。但是，莫茲羅的要求必須訴諸《聯邦準備法》(Federal Reserve Act)第13條第3款，也就是在「非常與緊急的情況」授權緊急行動。自從經濟大蕭條之後，聯準會不曾引用此條款，而全國金融公司還有115億美元的信用額度。

柏南克和蓋特納決定不介入。此時依然只是早期的檢驗階段，我們不希望對外界傳達一個訊息，表示政府會支持任何有問題的大型公司。聯邦準備銀行是最後的貸款人，我們無法合理地救助一家還有自救能力的公司。全國金融公司終於在當天稍晚，同意降低信用額度並增加擔保品，紐約梅隆銀行也同意重行結算。美國銀行很快就會收購全國金融公司，並將問題納入美國銀行的損益表中。

儘管如此，全國金融公司事件預示了在傳統銀行系統之外醞釀的問題以及美國政府只有有限的問題修復能力。全國金融公司事件也是一個令人不安的例子，說明了批發融資的危險。在那個騷動的一周，國庫券的殖利率及資產抵押商業本票的殖利率之間的價差，急速成長了八倍，從35個基準點提高至280個基準點(換句話說，從0.35個百分點成長為2.80個百分點)。我們已經看見價值1.2兆美元的商業本票市場及價值2.3兆美元的附買回協議市場很容易受到擠兌影響。

超越白芝浩

在那年秋初，聯準會的「請和我們申請貸款」措施，並未吸引太多銀行使用貼現窗口。部分原因是從聯準會借款的汙點印象依然強烈；另一部分的原因，則是當時的混亂情況已漸緩和。美國股市漲到歷史紀錄的新高點，跨銀行之間的借款利率變得穩定，雷曼兄弟也完成一場錯誤的收購，買下不動產公司拱石－史密斯（Archstone-Smith）。迄今為止，這次危機的發展就像重現1998年避險基金巨頭長期資本管理公司遭逢失敗之後，廣泛引發市場焦慮，但聯準會提出溫和的介入措施之後，傷害並未擴大。

然而，這次的冷靜期並未持久。首先，美林投資銀行宣布進行華爾街史上規模最大的資產註銷並開除了執行長。隨後，花旗銀行集團的資產註銷打破美林銀行的紀錄，也開除了執行長，而花旗銀行原本的執行長就是那位曾經說過只要音樂繼續演奏，銀行就應該跳舞的人。美林銀行和花旗銀行的損失規模令人害怕，但是在心理上，金融界的幾家巨型公司依然不知道藏在損益表中的「驚喜」更加令人感到恐懼。美林銀行註銷資產時，比起三星期前的預測，規模提高了兩倍。花旗銀行的資產註銷規模則是最後一次季度電話會議預測的七倍。2家銀行公司都揭露了大量的次級房貸新敞口，而他們先前顯然並未留意。他們看起來不以為意，也讓市場認為美林和花旗開始承受全面的損失。

美林銀行與花旗銀行的損失來源也令人不安。美林的損失大多數來自「首要順位擔保債權憑證」(Super Senior CODs)，應該是比較安全的房貸抵押擔保形式。然而，這依然是房貸抵押擔保證券，投資人和債權人在購買或接受作為擔保品時，沒有進行仔細的分析，他們賣出或拒絕抵押證券作為擔保品時，也同樣沒有經過分析。首要順位擔保債權憑證突然變得不受歡迎是一種跡象，市場的瘋狂已經轉為恐慌，市場開始因「房貸」而膽顫心驚。花旗銀行集團的1.2兆「結構型投資工具」(Structured Investment Vehicles，SIVs)[7]以及並未列入損益表的其他資產也出現了相似的問題。結構型投資工具的融資來源獨立於銀行之外，在景氣繁榮期間曾被視為安全。但是，現在有一些與次級房貸有關係的結構型投資工具已經失敗，讓投資人感到震驚，於是開始迴避所有的結構型投資工具，迫使如花旗銀行集團等金融機構必須將出現問題的資產列入損益表，避免傷害銀行的信用與名譽。

為解決問題，鮑爾森想要設置「超級結構型投資工具」(super SIV)，一種私人融資型的投資資金，買入傳統的結構

7 編註：銀行設立的一種投資業務，主要銷售商業票據等短期債券，購買次貸債券等長期債券。其利潤所得主要來自短期債券和長期債券之間的利差。

型投資工具，藉此避免造成不穩定的賤賣。但是，大型銀行本身有太多問題，根本無法提供融資，加上沒有政府的支持，鮑爾森的計畫終告失敗。聯準會開始要求花旗銀行集團減少股息，強迫其提高資本額度。我們3人共同向其他有問題的金融機構施壓，要求他們提高資本。花旗銀行集團在隨後的幾個月提高了200億美元的資金，大多數的資金來自中東及亞洲的主權財富基金。摩根士丹利和美林也帶入了外國投資人，他們現在可以即時觀察自己在享譽盛名的華爾街金融機構的新投資結果。

「大腸桿菌效應」出現了，投資人和債權人避開所有類型的金融產品，無論該產品是否與次級房貸有關，導致金融產品的價格遭到壓縮，金融產品像是有毒物質。這情況，就像投資人和債權人正在躲避所有遭大腸桿菌汙染的肉製品。恐懼是壓垮一切的理由，因為沒有人知道壞消息何時又會導致下一次的賤賣潮爆發。最理性的思考結果，似乎就是假設最壞的情況。有問題的證券可能在某些日子很值錢；不是所有房貸都會違約，違約的房貸也會在法拍（Foreclosure Sale）時恢復一定程度的價值。但是，沒有人想要購買抵押證券，因此價格持續下跌，而這個現象與證券本身運作的基礎特質毫無關係。

發展至此，局勢看起來已不是傳統的白芝浩應對手冊可以解決的問題。聯準會的傳統工具，大多數都是向美國的商業銀行提供擔保品貸款，但沒有辦法疏通信貸系統的阻塞運作。只有少數幾家銀行有勇氣使用貼現窗口，但他們也不願意借款給其他金融機構或任何人，因為許多陷入危機的金融機構根本不是商業銀行。12月時，聯準會決定採用兩個創新措施，促進市場的資產流動性，踏出實驗性的步伐，超越白芝浩的基礎應對原則，進入未知的水域。

雖然我們採取的措施不尋常

第一個措施，是「定期競標融通機制」(Term Auction Facility，TAF)，這個計畫的目的是克服貼現窗口造成的汙名，不只延長償還貸款的期限，也將貸款「標售」給合適的銀行，而不是採用固定的借款利率。借款人競標時決定市場利率，而不是一律採用懲罰利率，因此如果他們申請借款的消息傳出，也不會顯得像是走投無路。在一年內，定期競標融通機制的貸款金額是貼現窗口的五倍。第二個創新措施，則是美國聯準會與歐洲中央銀行和其他國家的中央銀行建立換匯額度，他們可將轉貸的美元放在自己國家的私人銀行(稱為「換匯」，是因為聯準會用美元獲得外國貨幣及外國中央銀行的還款保障，而中央銀行是該國的政府機構)。由於美元是實質上的全球通行貨幣，讓外國的中央銀行可以取得美元是平息全球市場恐慌的重要措施。一年後，美國聯邦準備銀行已經擁有超過5000億美元的應收換匯，讓聯邦準備銀行成為全球市場的「最後的貸款人」。

定期競標融通機制與換匯額度，確實有助減輕美國金融體系的資產流動性停滯問題，但最根本的條件正在惡化，信貸運作引擎的崩壞正要開始傷害經濟市場，也讓房市泡沫破滅所導致的壓力更大。鮑爾森在12月時，警告白宮注意美國的經濟已經觸礁（美國全國經濟研究所的景氣研究人員，後來將12月判斷為經濟衰退的起點）。華爾街內部的恐懼和賤賣形成惡性循環，並且在華爾街與市井大街之間，引發信貸緊縮和商業緊縮的惡性循環。更惡劣的金融環境，造成更惡劣的經濟環境；更惡劣的經濟環境，加速次級房貸市場的崩解及金融恐慌。到最後，我們必須穩定經濟市場，才能穩定金融市場，反之亦然。為了熄滅這場大火，我們必須穩定經濟和金融。

2007年時，聯準會用小型的貨幣政策刺激經濟發展，短期利率從5.25%下降至4.25%，實際的影響不大。柏南克採用尊敬同僚的共識決方式率領聯準會，希望統一內部的聲音。但是，聯準會的思維並未跟上金融危機的發展速度，於是到了2008年，柏南克推動更激進的貨幣刺激政策，無視聯邦公開市場委員會通貨膨脹老鷹的反對聲音。聯準會在2008年3月時將利息降低至2.25%，藉此提供燃料，刺激成長緩慢的經濟。在2008年金融危機期間，美國聯準會降息的速度比其他國家的中央銀行更快。不過從回顧的角度來說，聯準會可能需要採取更快的降息速度。但是在金融危機中，貨幣政策的效果有限，特別是因為銀行系統及投資大眾已建立過多的金融槓桿，恐慌的環境也限制了信貸市場。

在同一時間，鮑爾森領導白宮在2008年1月時推動凱因斯式的財政刺激計畫，希望爭取國會支持暫時性的節稅措施，彌補私人需求緊縮所造成的損失。鮑爾森與眾議院議長南希・裴洛西（Nancy Pelosi）和眾議院少數黨領袖約翰・貝納（John Boehner）協商，達成兩黨共同支持的協議，其中包括1500億美元的節稅措施，但並未增加支出預算，符合布希總統的提議。兩黨妥協同意讓大多數的節稅措施適用於勞工家庭——包括低收入家庭的節稅額度，他們原本不需支付所得稅，但必須支付其他聯邦稅金。法案在眾議院通過後，小布希在2月中旬簽字，首批經費支票將在4月發出。這一次是美國政府針對經濟成長緩慢的適度回應，當時的成長率只有國內生產毛額的1%，但已經是國會最快同意的應對措施。這次的法案推動計畫，也證明美國的立法機制依然有良好的功能，讓鮑爾森有機會建立自己與國會山莊之間的關係，有助往後的發展。

然而，火勢還是繼續蔓延。「單一險種保險公司」（monoline insurancer）也是感受到火勢熱度的人。為賺取服務費用，他們將傳統的擔保地方債券業務拓展至擔保次級房貸抵押擔保證券及擔保債權憑證。由於單一險種保險公司承受損失，導致投資人開始質疑他們擔保的其他證券，其中包括地方債券。聯準會必須面對壓力，協助擁有房貸敞口的所有金融機構。柏南克甚至私下聽到索恩伯格房貸公司（Thornburg Mortgage）執行長賴瑞・高德史東（Larry Goldstone）希望在附買回協議的貸款人拒絕接受擔保品後，聯準會可動用第13條第3款的權力，向索恩伯格房貸公司提供緊急貸款。

聯準會拒絕了該公司的要求，但柏南克和蓋特納積極探索新的方法，想要減輕金融市場其他參與者的壓力，他們採取的措施可能會超過向銀行提供貸款。2008年3月，聯準會公布「定期借券機制」（Term Securities Lending Facility），這個創新計畫終於讓非銀行機構也可以向聯準會求助，提高資產流動性。受惠的範圍包括五大投資銀行，用流動性較低的資產，交換流動性較高的資產。定期借券機制讓聯準會自1936年之後，首次訴諸第13條第3款的緊急借貸權力，但是柏南克告訴聯邦準備銀行董事會，這個措施是解決影子銀行系統欠缺現金的關鍵。「雖然我們採取的措施不尋常，但市場也面對不尋常的情況。」聯準會在3月10號同意該項計畫，但無法在兩個半星期內準備就緒。

等到那時，市場情況將會更不尋常。

Chapter 3

The Fire Spreads:
March 2008-September 2008

火勢擴散：
2008年3月至2008年9月

鮑爾森檢閱了小布希總統準備在3月中發表的經濟計畫演說草稿後，覺得非常滿意。他認為這篇演說，可以確保美國政府終結金融危機的決心。不過，鮑爾森提出一個修改建議：不要主張政府「不會提出紓困」。小布希總統因而覺得驚訝。

「我們不會提出紓困，不是嗎？」小布希總統問道。

鮑爾森不想提出紓困方案，也希望沒有必要紓困，但市場卻一天比一天更紛亂。

「總統先生，現在的情況是整體的金融體系非常脆弱，如果有一個金融機構即將破產，我們還不知道應該如何處理。」鮑爾森回答。

事實上，已經有一個大型金融機構瀕臨破產邊緣：貝爾斯登，一家擁有4000億美元資產，業界歷史長達85年的投資銀行。正如全國金融公司，貝爾斯登現在也面臨信心危機，其中一部分的信心危機就發生在房貸敞口。債權人停止轉遞交易貝爾斯登的商業本票，附買回協議的借款人要求貝爾斯登提出更多擔保，各家避險基金已關閉貝爾斯登的證券帳戶。聯準會與財政部都沒有對於貝爾斯登的管轄權；貝爾斯登的管轄者是美國證券管理委員會，該政府機構的主要職權是保護投資人，不是確保金融體系的健全。但是，貝爾斯登與金融體系的糾結太深，貝爾斯登破產所造成的威脅，可能會摧毀金融體系，我們不能因貝爾斯登不屬於聯準會或財政部的管轄權，就坐視不管。

貝爾斯登在2008年3月14日的挫敗，標示了金融危機的轉折點，讓金融體系暴露在最大的危機之中，美國的緊急處理措施也必須承受在經濟大蕭條之後，最險峻的考驗。聯準會必須橫渡盧比孔河（Rubicon）[1]採取介入措施，拯救一家非銀行機構的經營失敗。貝爾斯登紓困案，確實暫時避免了大量金融違約和經濟上的挫敗，直到雷曼兄弟銀行倒閉之後才會捲土重來。同時，聯準會的措施也爭取了6個月的相對平靜時間。但是，即使在這段時間，局勢依然不算特別安逸。如果摩根大通集團（JPMorgan Chase）不願意收購貝爾斯登，擔保貝爾斯登大多數的履約義務，我們就沒有辦法避免那次災難性的倒閉。我們也知道貝爾斯登不是唯一一家面對擠兌風險，建立過多槓桿與連結太深的非銀行金融機構。金融危機進入第7個月，貝爾斯登是個讓人清醒的現實檢驗事件，凸顯金融體系的脆弱、政府機構的有限權力以及在不久的將來，發生災難結果的可能性。

---

1 譯註：橫渡盧比孔河的典故，來自凱薩大帝被元老院命令卸下軍權，凱薩不從，於是率軍橫渡盧比孔河，正式和元老院宣戰，也是凱撒大帝獨裁政權的開始。有些歷史作家曾說，凱薩大帝渡河時曾告訴部下：「骰子已經擲下。」這個詞，也變成英語世界的諺語，意思是「破斧沉舟、沒有退路」。

貝爾斯登：相互連結程度過深，所以不能倒

貝爾斯登不會受到商業銀行應該遵守的資本需求及其他限制影響，他們在景氣繁榮期間積極地使用金融槓桿，享受連續5年破紀錄的獲利。但是在2008年3月10日的那個星期，貝爾斯登投資銀行正要發生擠兌，根本無法想像他們有什麼方法可自行停止擠兌。畢竟，如果投資銀行已經失去客戶或市場的信心，幾乎就是一無所有了。從市場觀點來看，貝爾斯登是脆弱投資與風險資產的集合體。市場交易取決於信任，只要民眾開始質疑貝爾斯登能否履行義務，就會轉而將自己的錢財交給其他銀行，也讓貝爾斯登變得更加不值得信任。

貝爾斯登是美國第17大金融機構，也是5家獨立銀行中最小型的。然而，貝爾斯登的規模是全國金融公司的兩倍大，涉入金融體系的程度更深，他們擁有5000名交易對象以及75萬個開放式衍生性金融商品合約。他們與銀行、證券經營商、避險基金、退休金基金、各國政府以及企業往來——當他們的交易對象努力減少與貝爾斯登有關的交易敞口時，也在嘗試釐清還有誰可能也有與貝爾斯登有關的交易敞口。此時的金融體系已經因為7個月的緩慢傷害而變得虛弱，光是想像貝爾斯登如果違約，無法履行交易義務，可能引發的市場歇斯底里，就令人覺得不安——賤賣貝爾斯登提

出的擔保品；瘋狂重新結算貝爾斯登的衍生性金融商品交易；附買回交易市場的崩潰；下一個瀕臨破產的投資銀行雷曼兄弟可能因而發生擠兌；甚至是房貸巨人房利美和房地美的破產。到了3月13日星期四，貝爾斯登已是砧板上的魚肉；在4天之內，貝爾斯登的儲備金從180億美元減少至20億美元，並準備在星期五的早上聲請破產。

一開始，我們不認為自己可以防止貝爾斯登破產。美國聯邦存款保險公司有權力用有序的方式向沒有償還能力的銀行提出紓困，保障銀行履行債務，但對於非銀行組織，美國聯邦政府沒有任何制式的解決方案能夠避免違約所造成的混亂。我們認為，聯準會的應對能力僅限於提高資產流動性，貝爾斯登的破產已無可避免，只能控制傷害不要繼續擴大，蓋特納將此種處理方法稱為「在跑道上鋪滿滅火泡沫」，在貝爾斯登破產起火後，防止火勢蔓延。

對於避免脆弱的金融機構承受擠兌，白芝浩中央銀行應對守則的價值有限，而政府其他緊急狀態處理機構的職權不如民眾想像的寬闊。沒有國會授權，財政部的處理措施有限，聯準會的權限大多只限於提供有擔保品的貸款；聯準會和財政部沒有權力擔保貝爾斯登的債務、投資資本，或者購買不流動資產避免銀行發生擠兌。定期借券機制當時尚未到位，聯準會也沒有常設機制可向貝爾斯登這類型的投資銀行提供貸款。聯準會確實有第13條第3款的權力，能夠在「非常與緊急的情況下」向非銀行機制提供融資。但第13條第3款不是魔杖，無法讓沒有償還能力的銀行起死回生，不能讓已經崩解的金融機構重返市場，也難以讓品質不佳的資產變得有價值。

在恐慌的情境中，很難判斷一家陷入困境的公司是不是真的沒有償債能力。市場不會永遠都是對的或者理性，在恐懼螺旋時期乏人問津的證券，也永遠都可能在市場信心恢復後，變得相當穩當。在這時，政府提供的貸款以及資產流動性可協助基礎穩固的機構支付貸款，避免被其他脆弱的金融機構所拖累。但是，貝爾斯登的衰退情況，比其他相似的金融機構更加快速且激烈，這顯示貝爾斯登確實已陷入極端的虛弱情況。無論如何，聯準會並未查閱貝爾斯登的帳冊，所以沒有任何可判斷貝爾斯登是不是一家有償還能力的金融機構的背景知識，因此說不定該公司只是淪為錯誤擠兌的受害者？然而美國證券管理委員會有權限查閱貝爾斯登的帳冊，而他們似乎不相信貝爾斯登是一家有償債能力的金融機構。另外根據我們所得到的資訊，以貝爾斯登逐漸貶值的資產和商業能力，我們並不認為提供貸款就可以拯救他們。

不，會提出紓困

在3月14日的黎明前，紐約聯邦準備銀行的員工提出權宜之計，訴諸第13條第3款的權力，讓貝爾斯登銀行可以活過這個周末：聯邦準備銀行將會提供貸款給貝爾斯登的清算銀行摩根大通銀行，摩根大通銀行會將金額轉交給貝爾斯登，而貝爾斯登銀行則是使用附買回協議拿回借款人不再接受的擔保品，作為本次貸款的擔保。基本上，聯邦準備系統將會成為貝爾斯登一天的附買回協議之貸款人。我們有許多同仁對於這個行動感到不安，因為這個行動似乎表示聯邦準備系統願意擔保一家正要破產的非銀行機構的債務，但我們都同意這個行動至少能夠爭取時間，讓我們在周末時思考其他避免災難的替代方案。「您也許應該考慮拿掉演講稿裡的『不會提出紓困』。」鮑爾森巧妙地告訴小布希總統。

因為，我們雖然不認為聯邦準備系統可以依照貝爾斯登在周末提出的擔保品提供足夠貸款，因為要解救作為獨立銀行的貝爾斯登，我們必須尋找買家收購貝爾斯登，避免貝爾斯登在星期一開市時就破產。摩根大通銀行很快地成為我們心中唯一的拯救者，他們有足夠信用可以支撐貝爾斯登原本的交易，而摩根大通銀行執行長傑米．戴蒙（Jamie Dimon）堅持，聯邦準備系統必須承擔貝爾斯登房貸一定程度的資產風險，摩根大通銀行才會願意完成交易。因此，在星期天晚上，聯邦準備系統再度行使第13條第3款的權力，用另外一種有創意的方式詮釋聯邦準備系統的權力，提供擔保貸款。

摩根大通銀行同意用每股2美元的價格收購貝爾斯登，戴蒙後來將價格提高至每股10美元，確保摩根大通銀行的股東不會阻止併購，導致金融體系陷入一片混亂。這個舉動非常關鍵，因為摩根大通銀行在等待併購完成時同意承擔風險，擔保貝爾斯登的交易義務。摩根大通銀行舒緩了市場的恐慌，這是聯邦準備系統的職權所無法做到的目標。聯準會向新成立的公司：「少女街」（Maiden Lane）[2]提供300億美元貸款，而少女街公司向摩根大通購買價值300億美元的貝爾斯登證券。根據第13條第3款，聯邦準備系統唯有在滿足儲備銀行的「擔保貸款標準」時才能夠提供貸款，而這個標準相當模糊。來自投資公司黑石集團（Blackstone）的團隊分析摩根大通想要放棄的資產之後告訴我們，他們相信聯準會提供的貸款有很合理的機率，能夠在幾年後獲得償還，不會有任何損失。柏南克和蓋特納決定，如果財政部願意保障聯邦準備系統承受的任何損失，就可以符合聯邦準備系統的借款標準，於是鮑爾森欣然同意這個條件。

但是，財政部的律師團隊隨後告訴鮑爾森，身為財政部長，鮑爾森無法向聯邦準備系統提出上述的保障，我們因而理解到財政部在金融危機期間的權力非常有限。因此，蓋特納要求鮑爾森撰寫一封公開信，表示他支持聯邦準備系統提

2　譯註：少女街是一個令人費解的公司名字，實際上這家公司就是在2008年金融危機期間，聯邦準備系統為進行紓困，與美國國際集團所共同成立的公司。因此，坊間曾有一個說法認為，這家公司的名字來自一位美國國際集團的高層，他在成長時，曾經住在另外一個地方的少女街。實際上，這個名字其實是美國紐約聯邦準備銀行的地址。紐約聯邦準備銀行的門牌地址是自由街，但後巷就是少女街。

供的貸款，強調如果聯邦準備系統因為提供貸款而受到損失，只需減少繳交給財政部的盈餘。鮑爾森將這封公開信稱為「表達所有紓困經費都獲得許可」(all money is green) 的信件，在法律上沒有太多實質意義——因為，聯邦準備系統依照慣例，本來就會扣除施政措施的支出後，再將盈餘交給財政部——這封信的用意在於表示財政部與美國政府的行政部門都支持聯邦準備系統的重大決策。我們希望所有人明白政府部門齊心協力動起來。

同一時間，聯準會再度訴諸第13條第3款的權力，提出更激進的貸款方案：「主要交易商融通機制」(Primary Dealer Credit Facility，PDCF)，對象是投資銀行。這個方案接受更大範圍的擔保品，其中也包括風險更高的資產，程度高過定期借券機制。我們希望針對貝爾斯登的介入措施可以平息市場恐慌，但我們也知道雷曼兄弟與貝爾斯登有類似的問題，還有美林、摩根士丹利，甚至高盛都需要更簡單的管道使用這緊急安全網。

我們能力有限，只是無法坐視不管

貝爾斯登干預措施確實讓市場恢復冷靜，但在危機處理過程中免不了要面臨政治上的風暴。許多政治人物和政治評論家都批評我們面對資本主義的達爾文原則運作時反應過度，他們主張投資銀行破產所造成的經濟衝擊很輕微——6

個月後，雷曼兄弟破產時，將會證明他們的觀點是錯的。自由派和保守派提出相似的抨擊，認為我們是在揮霍納稅人的錢，援助不適任的銀行家。道德風險的純粹主義論者則警告我們正在鼓勵銀行承擔過量風險：肯塔基州的共和黨參議員吉姆·邦寧（Jim Bunning）貶抑我們是社會主義者。就連聯準會前任主席保羅·沃克（Paul Volcker），都表示聯準會的行動「延伸了其合法權力的隱含範疇」。沃克的評論確實很精確——因為我們很謹慎，不希望真的逾越聯準會的權力限制——但是，他的評論並不是稱讚。我們知道自己正在面對雙重挑戰：釐清正確的處理方法，並解釋原因。

關於援救貝爾斯登，我們必須努力解釋究竟誰會獲得紓困援助。該項措施確實保證了貝爾斯登的債權人和交易對象可獲得完整的支付款項，他們得以因此停止擠兌；其他陷入相同困境的金融機構，他們的債權人和交易對象不會停止擠兌。在危機期間，任何導致債權人面對還款不確定性的因素，都可能成為引發恐慌擠兌的跡象。但是，貝爾斯登本身並未獲得紓困。這家金融機構已經被併購了，他們的高層失去了工作與大多數的財富。貝爾斯登股東獲得的收入確實高過於貝爾斯登宣布破產的0美元，但是相較於2007年早期貝爾斯登的股價高峰，他們損失的比例超過95%。所有的介入措施都會創造出某種程度的道德風險，但我們不認為貝爾斯登最後的結局，足以鼓勵其他公司仿效不負責任的投資行徑。除此之外，雷曼兄弟最後承受擠兌，也證明市場並不相信政府將會再度採取援救措施。

無論如何，我們沒有揮霍納稅人的錢；貝爾斯登的紓困貸款最後獲得完整償還，而且為美國政府創造25億美元的收入。但是，該次貸款的重點不是獲利，而是避免在金融體系中，一家具重要地位的機構出現混亂的破產狀態以及隨後發生無可挽回的經濟損失。時至今日，我們依然害怕想像貝爾斯登破產後可能出現的連鎖反應，尤其是在那時，我們尚未穩定支撐美國剩餘房貸市場中的房利美與房地美。在全國金融公司發生問題時，坐視不管是一個可行選項，但貝爾斯登與金融體系間的相互關連過於深刻，我們不能讓這家公司倒閉。進入危機大火的第7個月，金融體系已經太過脆弱，貝爾斯登倒閉將會令市場無法承受。

只有膠帶和鐵絲

援救貝爾斯登之後，我們並未感受到勝利的喜悅，而是覺得一股不自在。這次的事件顯示，極度仰賴金融槓桿而且只被鬆散管制的非銀行體系很有自信，畢竟他們建立過多短期融資，很有可能瞬間就會灰飛煙滅。貝爾斯登不是唯一一家太多融資、太過短期操作、受太少監督、投資過多品質粗糙的房貸及已無人信任的結構型信貸產品的機構。鮑爾森非常擔心房利美和房地美，在貝爾斯登周末事件的那個瘋狂星期日，鮑爾森特別抽出時間，安排與房利美和房地美的執行長和管制機構進行電話會議，並以貝爾斯登為例，向房利美和房地美施壓，要求他們提高資本。市場對雷曼兄弟即將成為「下一家破產銀行」的質疑也日漸加深，這個現象可能成為金融機構的自我實現預言。雷曼兄弟的規模比貝爾斯登高出75%，房地產敞口更大，衍生性金融商品的交易規模也更大，還有2000億附買回協議融資，因此從許多層面來看，雷曼兄弟看起來都更像一家無法避免擠兌的金融機構。

事實上，貝爾斯登的商業模式已經開始受到質疑。貝爾斯登事件之後，鮑爾森開始說服幾位歐洲的財政部長，希望他們不要呼籲國內的銀行中止與美國剩餘的4家投資銀行交易。由於聯準會向投資銀行提供貸款，終於有權力檢視他們的交易帳冊。檢視的結果無法令人心安。聯準會的壓力測試發現，雷曼、美林、摩根士丹利以及高盛，都因為批發性融資而無法因應擠兌，尤其雷曼需要額外的840億美元流動資產，才能承受貝爾斯登規模的事件。我們要求以上4家投資銀行減少槓桿、尋找長期融資來源並提高資本，但是在那個時候，投資銀行已經不是誘人的投資對象了。

我們當初努力合作，梳理各種因素，設計貝爾斯登事件的解決方法。然而回過頭來看，我們的運氣算很好。如果摩根大通銀行不願保證履行貝爾斯登的債務並吸收貝爾斯登大多數的資產，那麼金融體系很可能會在2008年的3月，從內部開始崩潰。沃克是對的，聯準會已拓展自己的權力，而貝爾斯登援助事件暴露聯準會權力的不足。美國政府依然沒有方法將資金投入陷入掙扎的金融機構，購買其資產，或保證履行債務，這代表美國政府沒有方法阻止完全爆發的擠兌。如果該公司不是銀行，就沒有任何安全的方法減輕問題，藉此避免違約。聯邦銀行支持摩根大通銀行收購貝爾斯登，加上聯準會提出新的主要交易商融通機制，向投資銀行提供貸款，這都有助建立市場大眾的信心，認為美國政府有意願、也有辦法避免其他投資銀行走向破產，但實際上我們的能力很有限。

貝爾斯登事件結束後不久，柏南克和鮑爾森前往拜訪隸屬民主黨的眾議院金融服務委員會主席巴尼・法蘭克，向他解釋雷曼兄弟銀行可能面對相似情況，所以我們需要擁有緊急解決問題的權限，避免如果我們找不到再一家摩根大通銀行，將會有另一家投資銀行產生影響市場秩序的破產事件。巴尼表示，在11月大選前，這個解決方法在政治上是不可能的，除非我們大力宣傳關於雷曼兄弟銀行倒閉的恐懼，並說服眾議院相信，雷曼兄弟倒閉將會動搖美國國本。我們很清楚，巴尼對政治運作的描述是正確的——任何提高危機管理者權力的立法過程，都必須承受和紓困法案相同程度的嚴厲抨擊——我們也知道危言聳聽的修辭只會擾亂市場，讓我們努力想避免的破產事件反而會突如其來地出現。我們只能善用有限的工具，直到災難降臨，然後反而讓我們的訴求是更加合理。

我們覺得自己只能用膠帶和鐵絲去撲滅這場金融大火。貝爾斯登事件結束後，市場稍微恢復冷靜了，我們希望市場可以繼續保持冷靜。但是，正如蓋特納所說，懷抱希望，不是一個正確的策略。

房利美和房地美：使用火箭筒

7月11日，一家美國的銀行發生擠兌——不是貝爾斯登銀行面對的「假設性」的擠兌，而是民眾真的衝去銀行提領現金，如同電影《風雲人物》的場景。

美國聯邦存款保險公司必須接管印地麥克銀行（IndyMac Bank），印地麥克銀行是一家位於加州的儲蓄銀行，原本是全國金融公司的分公司，也用相同的草率方式投資房地產，讓存款人覺得恐慌，開始在銀行大門外排隊，要求銀行將現金返還。美國聯邦存款保險公司保障最高至10萬美元的存款，因此大多數的存款人其實不必擔心。但由於自1980年代的儲蓄和貸款危機以來，最大型的美國銀行破產登上全國新聞版面，造成市場恐慌。隨後在下個星期，害怕的存款人在一天內從華盛頓互惠儲蓄銀行提領超過10億美元，華盛頓互惠儲蓄銀行的規模甚至比印地麥克銀行更大，也有相似的房貸敞口。恐慌，確實是種會傳染的病。

印地麥克銀行的破產事件是個跡象，顯示金融大火的熱度再度上升。但是，這個事件似乎尚未威脅到金融體系的核心。我們在那個星期的主要擔憂是房利美和房地美，這2家接受美國政府贊助的房貸巨人公司，加起來的規模超過印地麥克銀行五十倍——是貝爾斯登投資銀行的四倍。他們持有或擔保5兆美元的房貸，也是美國最後的房貸融資主要來源，在購買新屋的美國民眾中，有四分之三的房貸來自房利美和房地美。這個比例代表如果房利美和房地美破產，將會中止發行新的房貸，並絞碎已經受損的房市，導致有更多民眾的房子必須被法拍，也讓華爾街對房貸證券是更加害怕。房利美和房地美在金融體系的重要性不容否認，而它們正大量失血。

沒有任何政府常設機構，有權啟動拯救房利美和房地美的措施；鮑爾森必須說服國會進行立法，讓我們的危機應對處理進入政治爭論的核心地帶。我們最後徵收美國最重要的2家公司，又是一次在承平時期根本無法想像的政府干預措施。我們的行動再度強烈地受到社會大眾反對，但我們相信相關措施同樣避免了悲慘的違約——事實上，我們的措施再次為美國納稅人的國庫爭取可觀的收入。相較於其他任何一種想要復甦房市的政策或私人行動，我們的措施達成更多成果。然而，雖然接管房利美和房地美是絕對必要的措施，也成功阻止對於房利美和房地美證券的恐慌，但是我們依然無法打消市場對於金融體系的恐懼。無論如何，這次行動傳遞了一個意外的訊息：金融體系已經進入前所未有的脆弱狀態。

一座讓金融大火熊熊燃燒的舞台

房利美和房地美是詭異的混種。他們擁有聯邦的特許證，推廣讓美國民眾擁有負擔得起的住家。但是，他們也是唯利是圖的私人公司，並且統治了次級房貸市場。他們是政府贊助企業，在華盛頓特區對共和黨和民主黨都有深厚的影響力，而且利用了市場的假設：美國政府絕不會讓房利美和房地美在沒有足夠資金緩衝時，獲得大量低於市場利率的貸款。房利美和房地美基本上就是道德風險的實體化，他們享受風險帶來的益處，並相信納稅人會替他們承受風險所帶來的所有壞處。某些評論家認為是房利美和房地美造成金融危機的，但事實並非如此，因為直到信貸繁榮晚期，房利美和房地美購買以及抵押擔保的房貸，在整體產業中都是相對保守的規模。但是，房利美和房地美確實在房貸泡沫破裂前，降低房貸審查標準。藉由擔保如此大量的房貸，房利美和房地美促使外國資金宛如海嘯一般湧入美國房地產，建造一座讓金融大火熊熊燃燒的舞台。

我們 3 人和過去在相同職位服務的前輩一樣，多年來都相當擔憂房利美和房地美；我們全都支持針對房利美和房地美的業務進行地毯式的改革以及更嚴格管制他們所承擔的風險。鮑爾森在貝爾斯登事件延燒的周末與房利美和房地美的執行長進行電話會議時，兩位都同意提高資金淨值，但最後只有房利美提高，但額度完全不足。在貝爾斯登銀行事件結束不久後，鮑爾森帶著房利美和房地美執行長拜會參議院銀行委員會（Senate Banking Committee）主席克里斯多福・陶德（Christopher Dodd）以及委員會中的共和黨成員理查・謝爾比（Richard Shelby），他們達成協議，同意在參議院協助推動眾議院已經通過的改革法案，但立法過程的進展速度無法跟上市場變化。到了夏天，我們的優先任務是讓2家政府贊助的房貸巨人恢復經營穩定，避免拖垮整個金融體系。房利美和房地美有價值數兆美元的證券在金融體系的血管中流動，他們的商業本票曾在全世界都被視為安全投資，但我們現在開始接到來自各國主權財富基金和外國政府官員的緊急來電，他們希望確保這2家由美國政府贊助的公司，確實是安全的。其中有些人甚至不知道，美國政府並非房利美和房地美在法律上的正式金主。

因此，鮑爾森決定要求國會授權我們擁有讓房利美和房地美恢復經營穩定的權限。長久以來，市場都暗自認為華盛頓特區會支持這2家公司，而鮑爾森希望可以明確地表達這個立場。正如雷曼兄弟投資銀行的情況，鮑爾森也擔心，純粹地要求更多處置權力，只會讓市場深信局勢已非常險惡，然後加速恐懼的蔓延。目前的情況就像「第22條軍規」（Catch-22）[3]，財政部需要巨大的金融權限，才能向2家房地產巨獸提供讓市場相信的支持力量，但在政治現實來說，似乎是不可能實現的；然而如果只是要求國會授權提供額度不足的金錢，則會引發市場質疑政府是不是真的有決心讓房利美和房地美保持營運。但是，我們都同意財政部和聯準會不應該因為支持房利美和房地美，而承擔違約風險。因此，鮑爾森並未要求國會提供特定金額的資助權限，他要求「無限制」——他使用的委婉說詞則是「無特定金額」——的權限，向房利美和房地美提供資金。鮑爾森提出的法案內容也有他在金融危機之前推動的改革，其中包括建立更強大的管制單位，以擁有強迫接管房利美和房地美的權限。柏南克告訴鮑爾森，聯準會百分之百支持財政部的決策，正如在早期階段的援助行動中，財政部也百分之百支持聯準會。

財政火箭筒

7月15日，鮑爾森和柏南克參加參議院委員會舉行的聽證會，他們的立場一致，強調法案提案的重要性，讓房貸市

3　譯註：《第22條軍規》是美國作家約瑟夫·海勒（Joseph Heller）的代表作小說。在故事中，一位飛行員希望證明自己瘋了，藉此不用上戰場。根據規定，精神狀況有問題的人不需要上戰場，但必須由本人提出申請；然而如果本人有能力申請，就代表他在乎自身安全，所以並未陷入瘋狂。「第22條軍規」，也因此被引申為進退維谷的矛盾困境。

場繼續流通、避免房市產生更嚴重的衰退以及保護金融體系的核心。鮑爾森要求獲得一張空白支票，雖然受到參議院委員會的質疑，但他主張如果國會願意讓他獲得更大的權力，就可以消除市場對房利美和房地美的焦慮，那麼他被迫使用權力的機會也會隨之減少。「如果各位希望確保我必會使用這個權力，請限制我的權力，就能夠創造一種自我實現的預言。」他說：「倘若你的口袋只有一把玩具水槍，你可能要拿出來，才能達到目的。但是，假設你有一把火箭筒，其他人都知道你有，那你根本不需要真的拿出來。」鮑爾森的恫嚇論述確實合理，但是他要求獲得極強大的火力，也透露出一個事實，已經被恐懼所驅使的市場不可能忽視政府的憂心——鮑爾森很快就會知道，他最後依然必須使用那把火箭筒。

當時的小布希已是即將卸任的跛腳總統，只有30%的支持度，而鮑爾森以小布希總統名義提出的法案要求，充滿了雄心壯志。邦寧參議員厲聲痛斥，批評相較於鮑爾森提出的法案內容，貝爾斯登銀行的援助行動「只是業餘的社會主義」。在房利美和房地美失控之前，住宅相關的政治問題已是千絲萬縷。華盛頓特區早已熱烈討論如果市場出現大量法拍應該如何處理，導致問題更為複雜。共和黨的公眾人物以及大多數共和黨議員，都反對使用租賃者和依規定繳納房貸的房屋擁有人提供的稅金，以援助並未遵守規定的房屋擁有人。但是，民主黨的公眾人物以及大多數民主黨議員都採取相同的強烈立場，認為政府並未提出足夠的努力，協助面對困境的房屋擁有人。事實上，巴尼·法蘭克在房利美和房地美法案放入一個無關緊要的房貸紓困條款，該條款在國會山莊引發的爭議，甚至大過鮑爾森要求獲得的財政火箭筒。由於爭議過大，小布希總統甚至拒絕在法案通過後舉行公開簽署儀式。

但是，法案確實通過了。維繫好人際關係很重要，鮑爾森與國會兩黨領袖都有深厚交情，大多數國會議員都同意將處理危機的重要性放在政治角力之前。到了7月底，由民主黨所控制的國會通過《2008年住宅和經濟復甦法案》（Housing and Economic Recovery Act of 2008），讓共和黨所控制的行政部門擁有巨大權力，也證明華盛頓特區確實有能力在危機出現時，完成必要的英勇舉動——雖然如果危機並未出現，可能也不會有此成就。

新的法案讓財政部和聯準會有權調閱房利美和房地美的帳冊，因而揭露了某些可怕的驚人事實。聯準會和財政部金融管理局的檢核人員認為，2家公司實際上已沒有償還能力，房利美和房地美的資本緩衝空間非常薄弱，而且大多是在會計上造假。鮑爾森和財政部的團隊成員旋即判斷唯一的解決方法，就是說服房利美和房地美的新任管理機構：美國聯邦住宅金融局（Federal Housing Finance Agency，FHFA），強迫2家公司進入接管——基本上就是「國有化」，政府也就不需每日監控。這個情況很困窘：因為鮑爾森稍早才告訴國會，他不需要使用火箭筒，而美國聯邦住宅金融局已經通知房利美和房地美，他們的資本緩衝額度很足夠。但實際上，2家公司的資本緩衝額度都是不夠的，鮑爾森的首要任務是避免金融崩潰，不是維護自己立場一致的名聲。鮑爾森決定使用火箭筒後，小布希總統支持他的決定。「政府的決策不會永遠都很完善，我們只想著必須用盡所有方法以搶救經濟。」

在危機期間，「不惜一切代價」的態度，幾乎是我們完成所有決策的動力。我們都認為非常時期需要非常行動。8月，鮑爾森邀請2位過去在高盛合作的夥伴及一家位於紐約的律師事務所，共同處理房利美和房地美問題。鮑爾森也非常仰賴美國聯邦住宅金融局，要求作為管理機構的該局必須修正對房利美和房地美的評估結果。鮑爾森在危機發生的前後，從來不曾想過自己必須做出如此行動。鮑爾森甚至不確定他是否擁有合法權力，讓美國政府為了房利美和房地美擔保的30年房貸提供長期保障，因為國會只有讓財政部擁有暫時處理權限，而權限會在2009年底到期。

在摩根士丹利的顧問協助之下，財政部完成了非常聰明的金融設計，創造了實質上等同長期擔保的措施，但鮑爾森依然非常擔憂自己僭越了國會的原意，他私下向小布希總統及幾位財政部同僚透露，他擔心自己遭到彈劾。鮑爾森最後發射火箭筒的時候，每個人都非常訝異，因為完全沒有人提出質疑。

9月5日，鮑爾森和柏南克將一個震撼消息通知房利美和房地美的執行長：美國政府即將接管這2家公司。那些執行高層將會失去工作，他們持有的股份也會損失大多數的淨值。財政部對2家公司各自投入1000億美元資金，避免2家公司的債務與他們抵押擔保的證券發生違約。這是自經濟大蕭條時代以來，美國政府針對金融市場執行最激進的介入措施。房利美和房地美的擠兌終於停止，因為這2家公司和他們擔保的房貸，現在獲得美國政府的官方支持。

但是，金融體系的其他可能發生的擠兌，則是在這段時間累積動能。在房利美和房地美國有化後的那個星期，大家見證了金融危機開始以來最慘烈的屠殺。我們曾經希望，藉由展現政府願意採取非常行動以避免發生混亂危機，可以讓市場趨於冷靜，至少爭取時間，我們才有機會尋找解決雷曼兄弟問題的方法。但是，我們展現的力量再度無法達成我們想要的目標。市場的緊張毫無平息跡象；市場認為，如果美國政府如此擔憂，甚至採取非常手段，那麼實際情況必然比表面看起來更加惡化。

不安驅動了恐懼，沒有人知道並未獲得政府特許贊助的民間企業陷入問題時，究竟會有何種結果。我們其實也不清楚。我們已經橫渡了另一條更寬廣的盧比孔河，避免更危險的市場恐慌；但是就在幾天內，我們必須面對更巨大，而且更危險的問題。

Chapter 4

The Inferno:
September 2008-October 2008

煉獄：
2008年9月至2008年10月

在這場金融大火吞噬雷曼兄弟之前，火勢其實已經延燒超過1年，但許多美國人迄今依然相信雷曼兄弟破產是該次金融危機的起點。雷曼兄弟破產宛如日蝕，遮蔽了過去曾發生過的一切，乍看也像應該為了隨後所發生的一切事情負責。但是，雷曼兄弟破產其實應該是種病徵，而不是使金融體系變得脆弱的原因；房利美、房地美、美國國際集團以及美林的規模，都比雷曼兄弟更巨大，而且都在相同時間瀕臨破產。事實上，雷曼兄弟破產事件充分展示了造成金融危機的因素。雷曼兄弟是一間管制鬆散、嚴重過度槓桿操作以及深刻相互關聯的非銀行金融機構，擁有過大的房地產市場敞口，及擠兌風險過高的短期融資。雷曼兄弟的故事與其他機構的不同之處，在於雷曼兄弟事件的結局是場悲劇。雷曼兄弟投資銀行的崩解最接近金融危機的必然結果，可能也是最不被人詳細理解的故事。

雷曼兄弟破產是一場惡夢，我們用了1年時間，努力避免悲劇發生。雷曼兄弟也是在金融恐慌時期具備系統重要性的機構，然而最後依然發生不受控的破產事件。由於我們曾經在6個月前拯救了貝爾斯登，我們在1星期前拯救了房利美和房地美，我們甚至在2天後拯救了美國國際集團，因此許多觀察家認為，我們是刻意讓雷曼兄弟倒閉的（只有少數人讚許我們的決定）。不過，我們並未刻意讓雷曼兄弟倒閉。我們甚至不曾討論過是否應該拯救雷曼兄弟，但我們處理貝爾斯登以及美國國際集團時都曾經討論過；我們只知道應該用盡所有力氣，避免雷曼兄弟破產。但是，只能說我們真的已窮盡所有能夠使用的方法。

到最後，雷曼兄弟找不到一位願意履行債務的買家，正如貝爾斯登與摩根大通銀行的關係。我們沒有國會的授權，不能讓美國聯邦政府如當初房利美和房地美所獲得的支持一樣地支持雷曼兄弟。雷曼兄弟也沒有足夠的穩固擔保品，可向聯準會申請貸款，讓該公司用市場願意接納的結構繼續保持營運，正如美國國際集團的保險業務。我們只能在雷曼兄弟破產之後提出聲明，導致市場對於美國政府的動機覺得混亂，因為我們不希望承認美國政府幾乎沒有力量拯救一間攸關金融體系的公司，造成市場緊張不安。但是，沒有願意收購雷曼兄弟的買家，我們沒有任何實際的選項可以拯救雷曼兄弟。自從6個月前與貝爾斯登進行密切的電話會議之後，我們拯救市場的想法不曾改變，但我們受到的限制也同樣沒有改變。我們無法向雷曼兄弟投入資本，擔保雷曼兄弟的負債，購買雷曼兄弟的資產或者採用井然有序的方式緩和該公司的困境。

雷曼兄弟倒閉所造成的惡夢，最後讓我們成功說服國會，提供我們需要的權限，於是我們終於有能力撲滅這場金融大火。然而，我們只希望可以從一開始就避免那次的慘劇。雷曼兄弟倒閉所造成的痛苦以及後續餘波，影響的不只是股東及公司高層——其中也包括鮑爾森的弟弟迪克（Dick Paulson），他是雷曼兄弟公司的資深副總裁——範圍甚至超過雷曼兄弟在金融體系中的交易對象以及債權人。全球經濟都能夠感受到其中的痛苦。

雷曼兄弟：水深火熱

雷曼兄弟銀行走上一條通往危機的熟悉道路，在當時看起來有很高獲利空間的次級房貸抵押擔保證券、商業不動產以及其他高度槓桿的投資上押大注，直到它們變得一文不值。當雷曼兄弟的虧損程度上升，賣空方認為雷曼兄弟即將破產時，鮑爾森和蓋特納開始向雷曼兄弟的執行長迪克・福爾德（Richard “Dick” Fuld）施壓，要求該公司在市場信心完全蒸發之前尋找買家。但是，福爾德向潛在買家提出的條件則顯現出他根本不著急，市場上也沒有太多人有興趣收購一間過度擴張的投資銀行，尤其是福爾德還故作姿態。

9月10日星期三，福爾德提前公布雷曼兄弟在第三季的慘痛損失時，想要藉由宣布雷曼兄弟將有毒資產轉入某家分公司，平息第三季損失所造成的衝擊。然而，福爾德的舉動就像承認他確實想要擺脫有毒資產。貝爾斯登事件的最後階段即將再度上演：貸款債權人要求雷曼兄弟提供更多擔保品，對沖避險基金關閉雷曼兄弟的帳戶，評比機構威脅雷曼兄弟將調低其所發行的證券商品等級。市場已經聞到雷曼兄弟銀行的屍臭味，而我們害怕雷曼兄弟將造成宛如核子武器爆炸之後的放射性落塵。雷曼兄弟的債權人超過10萬名，開放型衍生性金融商品的合約則超過90萬份，短期融資的額度是貝爾斯登的兩倍。雷曼兄弟不會安安靜靜地倒閉。

如果雷曼兄弟是家商業銀行，美國聯邦存款保險公司就可以接管，擔保其債務，並且解散銀行，避免發生惡劣的破產情況。但是，美國聯邦政府裡沒有任何人可以向一家非銀行金融機構採取以上的行動，因此雷曼兄弟需要一名買家，正如貝爾斯登過去找到一位買家一樣。美國銀行同意考慮，但該行的態度不像是認真的。位於英國的巴克萊銀行（Barclays）誠懇地表達出收購的興趣，但福爾德依然認為自己可以嚴苛地挑選買家，質疑雷曼兄弟和巴克萊銀行的合適程度（英國的管制機構也表達了他們的擔憂，而這股擔憂最後成真）。同時，市場對於美國其他主要金融機構的信心正在急速減少。

我們決定在9月12日星期五的晚上，邀請華爾街大型金融公司的執行長前往紐約聯邦準備銀行，希望藉由民間機構的力量，協商出解決雷曼兄弟問題的方法——也許能夠仿效貝爾斯登最後的處理方法，讓其他華爾街機構承擔風險，而不是由聯準會處理；或者請他們與聯準會合作，協助另一家規模更大、資本更雄厚的企業收購雷曼兄弟；又或者像1998

年的案例，紐約的聯邦準備銀行鼓勵長期資本管理避險基金公司的 14 位交易對象公司共同買下該公司，將該公司的資產做流動化處理。這次，華爾街有更強大的理由必須協助避免該家金融機構破產。美林看起來就像雷曼兄弟破產之後下一張倒閉的骨牌，隨後是摩根史坦利；即使資產損益表看起來是最健康，而且資產緩衝空間最大的高盛投資銀行，都無法承受市場針對投資銀行商業模式進行全面擠兌。

不幸的是，我們無法樂觀地相信自己可以找到某種可行方法。雷曼兄弟的規模，遠大於長期資本管理公司倒閉時的規模，而且雷曼兄弟所持有的資產更為不穩定。在同一時間，其他金融機構必須投入現金才能救援雷曼兄弟，但整體情況比 1998 年更加嚴峻，因為其他金融機構沒有足夠資本分享給正從內部崩解的競爭對手。他們擔心自家公司沒有足夠韌性對抗金融市場的震盪，因為沒有任何理由相信金融市場的震盪會在近期之內結束。美國國際集團是一家超大型的保險公司，承保許多證券的違約風險，在這個星期損失一半的資產價值，早已被融資追繳令給淹沒。紐約聯邦準備銀行的一封電子郵件警告，雷曼兄弟正值水深火熱的時候，華爾街對於美國國際集團的發展也有相同程度的擔憂。「我聽到的消息指出，美國國際集團的情況比雷曼兄弟更惡劣。每家銀行和交易經紀商都有美國國際集團的交易敞口。」想像如果房利美和房地美在這個時刻已完全破產崩解，這種景象令人感到毛骨悚然，但即使房利美和房地美已順利國有化而恢復穩定，情況依然可怕。

獎勵金融機構的失敗

同一時間，華盛頓特區已經變成獵殺縱火犯的炙熱鍋爐，兩黨政治人物持續對華爾街紓困方案表達憤怒。大眾市場尚未感受到華爾街因日漸加劇的恐慌而造成的龐大衝擊，華爾街的不幸必須在一段時間之後，才會傳播到一般大眾——但是，極端的壓力跡象已經出現，汽車銷售額大幅下降，各家公司的裁員人數急速增加。美國人不禁感到憤怒與疑惑，為什麼政府必須提出非比尋常的介入措施，拯救必須為了金融困境而負責的銀行家？同時，《金融時報》（*Financial Times*）和《華爾街日報》（*The Wall Street Journal*）以及其他非金融類出版刊物的社論文章，都開始呼籲我們不應獎勵華爾街金融機構的失敗。

隨著雷曼兄弟的問題進入尾聲，鮑爾森和團隊成員也公開表示，美國納稅人的錢不會用來資助雷曼兄弟的處理方案。但是，鮑爾森此舉是溝通策略，不是政治決策。鮑爾森想藉由相關聲明，激勵私部門的金融機構盡可能地收購雷曼兄弟的負面資產，提高雷曼兄弟採取貝爾斯登處理方案的可能性。然而，此時此刻正是我們3人在金融危機之際，少數持意見不同之處。蓋特納認為，政府告訴私部門的金融機構必須自行處理，可能會讓擠兌情況變得更為嚴重；他也擔心一旦主張「政府的錢不會介入」後，如果後續聯準會確實找到好的機會，可依照貝爾斯登事件的方式提供貸款，協助買家收購雷曼兄弟的話，將會貶抑政府的信用。

但是，鮑爾森表明，如果我們確實找到機會拯救雷曼兄弟，他很樂意改變自己的立場。我們3人都很清楚，如果政府必須承擔一定程度的風險，讓雷曼兄弟依照貝爾斯登事件的方式由其他金融機構收購，那我們也該達成目標，即使我們並不喜歡這種處理方法，因為雷曼兄弟倒閉對金融市場和經濟穩定性所造成的傷害，遠大於雷曼兄弟遭到收購。我們已經下定決心，直到在金融體系的核心周圍建立保護機制之前，我們都會避免主要金融機構產生顛覆體系規模的破產倒閉狀況，但在那個時間點，我們沒有力量建立那種規模的防火牆。因此，我們3人之間的歧異在於溝通和傳達訊息的策略，但我們的終極目標是一致的：不惜一切代價，都要避免一家具備金融體系重要地位的機構，因破產倒閉而造成體系的不穩定。

星期五收市鐘響時，雷曼兄弟只剩下最後20億美元的現金，正如貝爾斯登在最後一天的現金總額。蓋特納和鮑爾森在紐約聯邦準備銀行告訴華爾街大型金融機構的領導者，如果雷曼兄弟發生破產違約事件，將會對他們所有人造成災難性的結果，因此，他們必須合作以避免此事。

紐約聯邦準備銀行在那個周末擠滿了銀行家、律師、會計師以及管制機構的工作人員，他們與時間賽跑，想辦法避免雷曼兄弟垮台。其中一個團隊與雷曼兄弟的潛在買家開會，討論他們希望捨棄哪些特定的不良資產；另一個團隊則是鼓勵華爾街金融機構組成的代表團，希望他們購買雷曼兄弟部分或全部的不良資產。任何人看過雷曼兄弟的帳冊之後，都會感到非常驚恐。美國銀行告訴我們，除非可以放棄雷曼兄弟700億美元的不良資產，否則他們甚至不會考慮收購；巴克萊銀行也列出他們不願接收的不良資產，價值為520億美元。華爾街的執行高層分析了雷曼兄弟的不動產投資組合後，認為實際價值只有雷曼兄弟所宣稱的一半。華爾街金融產業的確有足夠動機，刻意誇大雷曼兄弟的問題，藉此刺激政府介入協助，但雷曼兄弟內部顯然有一個巨大的資本坑洞必須填補，才能完成任何交易。因此，相較於貝爾斯登事件，聯準會必須承擔的風險高達十倍。

即使是來自華爾街主要金融機構所組成的代表團，雷曼兄弟銀行的巨大資本坑洞依然令他們望之生怯。大型金融機構執行長的擔憂也合理，畢竟如果情況看起來像是他們必須負責拯救失敗的對手，那他們將會受到市場的懲罰。倘若到了下個星期一，我們需要召集另一次的華爾街代表團拯救美國國際集團，又會發生什麼事？美國國際集團擁有數千萬名壽險客戶，管理價值數百億美元的退休資產。在那個星期六早上，美國國際集團向聯準會發出警訊，表示他們可能需要300億美元的過渡貸款；到了當天傍晚，他們要求獲得的過渡貸款金額飆升至600億美元。

然而，那個星期六夜晚並非都是壞消息：美國銀行正在計畫收購美林，而且不需要政府或金融產業的其他機構協助。這個消息也解釋了為什麼美國銀行的高層沒有興趣收購雷曼兄弟。另一個攸關生死的金融危機解除了，我們覺得很放心，即使這個消息代表雷曼兄弟現在只剩一個潛在買家。到了星期六深夜，巴克萊收購雷曼兄弟看起來可行。華爾街各家金融機構的執行長已經原則上同意承擔風險，收購雷曼兄弟大部分的不良資產，藉此協助巴克萊銀行收購雷曼兄弟，避免引發導致金融體系受創的大規模違約。但是，還有一些問題無法處理，我們認為聯準會必須在最後一刻介入，才能完成這次交易。巴克萊銀行執行長鮑伯．戴蒙（Bob Diamond）也提出一個難以處理的問題：根據英國法律規定，在收購完成前必須舉行股東投票，而他沒有辦法確定巴克萊銀行能夠在交易完成前擔保雷曼兄弟的債務。戴蒙的擔憂確實是個問題，但是，當金融體系的末日就在眼前時，這個問題看起來並不會妨礙交易的完成。我們預估，如果其他問題都可以解決，那我們也可以和英國政府共同處理問題。

但我們的想法錯了。星期天早上，英國的銀行管制機構阻止這筆交易完成。英國首席金融管制官卡倫．麥卡錫

（Callum McCarthy）告訴蓋特納，他認為巴克萊沒有足夠資本承擔雷曼兄弟的風險，可能也沒有足夠能力擔保雷曼兄弟的不良資產。麥卡錫也表示，無論如何，巴克萊銀行都不能在股東同意併購之前，擔保雷曼兄弟的債務，而麥卡錫本人聽起來也不願意支持這次併購。股東投票需要數星期，甚至數個月的時間才能夠安排舉行。蓋特納告訴麥卡錫，全球市場需要立刻知道雷曼兄弟的命運，因此，在維持全球金融穩定的關鍵時刻，延誤巴克萊和雷曼兄弟的交易，等同於扼殺金融體系。然而，麥卡錫的回答則是：「祝你好運。」

美國史上最大規模破產事件

鮑爾森決定最後奮力一搏，他打電話給英國財政大臣亞利斯泰爾・達林（Alistair Darling），要求他放棄巴克萊銀行必須舉行股東投票的規定，讓巴克萊銀行可以立刻保障雷曼兄弟的債務。但是，達林清楚地表示他沒有幫忙的意願，因為他不希望用英國納稅人的錢處理雷曼兄弟的問題。鮑爾森告訴蓋特納：「達林不想把『雷曼兄弟癌』帶進英國。」巴克萊銀行交易案胎死腹中。我們雖然因為英國的管制單位拒絕幫忙避免金融災難而感到沮喪，但是，他們的擔憂確實合理。英國銀行系統在整體經濟中的比例是美國的四倍，而且其銀行系統同樣脆弱。將雷曼兄弟內部的金融疾病導入巴克萊銀行，如果巴克萊與雷曼合併之後，依然需要政府紓困，那可能會讓英國納稅人陷入極大風險。英國政府的擔憂是合理的，因為他們害怕巴克萊最後就像古老諺語中的醉漢，由於想要幫助另一位掉入泥坑的醉漢，最後自己也跌進去。

縱然難以想像，但我們已經沒有任何選擇了。我們沒有權限以聯邦政府的名義，填補雷曼兄弟的資產坑洞或擔保其債務；我們唯一的方法，只有聯準會可以憑著持有穩固擔保品而提供貸款。對於何種資產可以成為擔保品，聯準會確實有著謹慎標準，然而政府部門和金融領域最優秀的人物才剛剛審查了雷曼兄弟的資產，他們的判斷結果和市場的觀點一樣殘酷。雷曼兄弟已毫無償還能力。2013年的一份研究報告指出，雷曼兄弟當時的資產坑洞高達2000億美元。聯準會確實有權提供融資，協助金融機構併購，正如貝爾斯登事件的處理方式。但是，聯準會無法援助沒有償還能力且陷入擠兌風暴的公司。除了雷曼兄弟的損益表上所記載的大量虧損之外，對於雷曼兄弟的投資能力、品牌價值以及管理能力，市場信心都已經承受極大的傷害。數個月以來，我們已有足夠證據指明，雷曼兄弟沒有能力提高資本、售出資產或者提高房地產投資組合的融資基礎以匹配其表面價值。我們願意在絕境中承擔風險，但聯準會的工具只有擔保貸款，而這無法讓雷曼兄弟繼續存活。

即使聯準會決定不顧現有證據，斟酌判斷雷曼兄弟的價值足以向聯準會申請大規模貸款，金額也只會流向雷曼兄弟已無法阻擋的擠兌潮，最後犧牲的是美國納稅人的錢，讓雷曼兄弟的債權人和交易對象有機會脫逃，但該公司的經營不會改變，只會繼續惡化。這種類型的過渡貸款沒有具體的成功目標，只會造成政府鉅額損失，且無法平息市場恐慌，也會引發反彈批評，限制我們的能力，於是當下一次又有主要金融機構面臨困難時，我們就無法提供幫助了——事實上，下一次的危機就是星期二。「最後的貸款人」機制可以減少健康的金融機構因資產流動性問題而倒閉的風險，但不能讓已完全無法運作的金融機構恢復運行。倘若市場相信一家公司沒有償債能力且無法復原，那麼提供擔保貸款也不能阻止出現擠兌潮，或將逃走的客戶與交易對象重新帶回該公司。

9月15日星期一的凌晨1點45分，雷曼兄弟聲請破產，成為美國歷史上最大規模的破產事件。聯準會希望藉由提出公開聲明，表達自己願意向銀行和投資銀行針對任何形式的擔保品提供緊急貸款，藉此消除大火蔓延。但是，火勢的爆發已經開始造成大規模的毀滅。

摩根士丹利和高盛發行債券的承保費用在星期一提高了兩倍，因為市場已對於投資銀行的經營模式失去信心。擠兌的範圍也延伸至商業銀行部門。花旗銀行集團的「信用違約交換」(Credit Default Swap，CDS）價格飆漲，反應市場的恐懼逐漸加深，他們害怕即使「大到不能倒」的銀行都有可能破產，那麼驚慌失措的存款人從華盛頓互惠銀行中提取的現金額度是印地麥克擠兌金額的兩倍。即使是產業巨人奇異公司（GE）的商業本票也難以進行轉遞交易，這個令人不安的跡象顯示，金融病毒已經開始感染廣義的經濟市場。全球的銀行業、商業貿易以及房市都開始採取守勢；退休基金的價值大幅下跌；房屋被法拍、裁員解雇，金融恐慌的惡性循環更加強烈。曾經向美國貨幣市場基金及銀行借款的外國銀行，現在已經無法取得美元，各個新興市場失去了作為氧氣的融資基礎。聯準會大幅提高向外國中央銀行提供美元的換匯額度，並且在史無前例的資產流動停滯時期，向美國國內及國外的市場提供史無前例的資產流動性。但是，聯準會提供的短期借款，並無法修復全球信心危機。

第一個爆裂的玉米粒

雷曼兄弟倒閉後，《紐約時報》（*The New York Times*）、《華爾街日報》及其他有影響力的媒體的社論作家，都非常高興我們拒絕使用公帑拯救失敗的金融機構。有一小段時間，曾經批評我們是「紓困之王」的評論家，反而讚許我們致力遵守自由市場原則，與我們願意讓華爾街學到教訓，讓不負責任的投機客必須為了自己的罪行而付出代價。但是，他們的稱讚來自誤解，就像另外一些零星的評論抨擊我們是白痴，竟讓雷曼兄弟破產。如果有能力，我們必然會拯救雷曼兄弟銀行。沒錯，鮑爾森確實曾經在雷曼兄弟破產前，表示政府不會介入援助，但那是他的施壓策略，希望私人金融機構能夠參與救援行動，因為聯準會和財政部缺乏執行權限。在雷曼兄弟垮台後的數日，鮑爾森和柏南克在國會聽證會中表示，市場有足夠時間應對雷曼兄弟破產，於是有些評論家也因此產生一種印象，認為我們預期雷曼兄弟破產只會造成溫和的傷害。但是，至少在那個時候，我們3人彼此都同意必須掩飾政府機構沒有能力拯救雷曼兄弟，因為我們害怕承認政府沒有能力的話將會讓市場恐懼，並且加速擠兌。在恐慌時期，溝通非常重要，但也極度困難，我們一直都很努力在誠實與安撫人心之間找到平衡。我們確實助長了外界的迷思，認為我們選擇讓雷曼銀行倒閉，避免公開承認我們早已束手無策；但實際上，我們只是無法不讓雷曼兄弟走向破產之路。

雷曼兄弟的垮台，劇烈地加速了金融危機的發展，但是一場比較不瘋狂、也比較不顯眼的金融體系擠兌，早已累積超過1年的時間。經濟學家艾德華．拉齊爾（Edward Lazear）提出一個比喻，雷曼兄弟就像爆米花第一個爆裂的玉米粒，我們無法阻止，但雷曼兄弟並不是鍋子的熱源。即使我們找到某種方法可以拯救雷曼兄弟，我們也缺乏足夠權限；我們無法降低鍋子的熱度，以避免其他玉米粒爆開。我們處於另一次的「第22條軍規困境」：我們需要相當程度的新權限，其中包括有能力向搖搖欲墜的金融機構提供資本，才能阻止金融危機。但是，如果沒有可觀的破產倒閉事件，例如雷曼兄弟，那麼美國國會永遠不可能讓我們擁有新的權限。即便如此，我們依然努力掙扎。我們並未選擇讓雷曼兄弟倒閉，但縱使我們找到解決雷曼兄弟問題的方法，終究還是會有其他大型金融機構破產。

我們已將自身權限延伸至極限，而且是真正的極限。我們也用痛苦的方式表明，除非我們能夠使用美國政府的完整資源，否則無法撲滅金融大火。在雷曼兄弟的命運已經註定的那個星期天夜晚，我們一致同意應該前往國會，要求議員們授權讓我們運用所需的金錢和工具。但是，我們必須先處理美國國際集團，因為這個事件的規模比雷曼兄弟更大、更危險，有可能會將金融體系剩餘的一切燃燒殆盡。

美國國際集團：自由市場紀念日

正如雷曼兄弟，跨國保險公司美國國際集團已陷入美國破碎管制系統的裂縫之中。美國國際集團的保險子公司在美國受到州政府管制，而財政部儲貸機構監理局，也就是全國金融公司、印地麥克銀行以及華盛頓互惠銀行選擇的鬆散管制單位，則是應該負責監督美國國際集團的儲蓄業務分公司。我們3人都沒有辦法仔細檢閱美國國際集團，也並未仔細留意過該公司，直到美國國際集團在2008年夏末開始大量失血。但是我們對於美國國際集團的理解愈多，我們愈是明白，如果讓美國國際集團踏上雷曼兄弟的後塵，將會導致下一次經濟大衰退。

美國國際集團的承保業務為壽險、健康險、產物險、汽車險以及退休險，一共有7600萬名客戶，其中有18萬家公司，而18萬家公司聘請的員工人數超過美國勞動力的三分之二。美國國際集團的金融產品投資分公司非常不負責任，而且就像一家對沖避險基金公司嫁接在傳統保險公司身上，而美國國際集團擁有價值2.7兆美元的衍生性金融商品合約，且大多數合約的信用違約交換都用於擔保有問題的金融商品。如果美國國際集團倒閉，其他金融體系銀行和非銀行機構將會在最需要的時刻失去緊急保險金。這情況看起來，就像每人都有美國國際集團的金融敞口，且沒有人知道其他人的敞口大小，因此倘若美國國際集團違約，將會引發其他所有金融機構的擠兌。

違約看來勢在必行。美國國際集團的股價在星期一時跌落至低於5美元，而該集團的股價最高曾經超過150美元；美國國際集團的交易對象開始要求大量的額外擔保品；信用評比機構正在考慮針對美國國際集團進行大幅度的降級。美國國際集團現在需要至少750億美元才能免於破產結果，當所有銀行都在累積自身的資產流動性時，這種程度的財務缺口只有政府才能填補。我們從來沒有想像過聯準會應該要幫助保險公司，在幾年之前，我們甚至懷疑自己有沒有這種能力。但是，在星期一的下午，情況已經很明確，美國國際集團太過龐大、太過複雜，且財務狀況太惡劣，私部門的其他金融機構都無法拯救美國國際集團，金融體系也絕不可能有辦法承擔該集團破產的後果。

正如雷曼兄弟的情況，我們沒有美國聯邦存款保險公司處理銀行問題的機制權力，能夠完全避免破產和違約，以解決美國國際集團的問題；我們也不能投入資本、保障該公司的負債或購買他們的資產。但是，我們這次確實認為聯準會可以向美國國際集團提供足額的貸款金額，避免該集團破產倒閉。因為美國國際集團不像投資銀行，如果投資銀行失去信任和信心就一無所有，但美國國際集團是一座全球帝國，擁有相對穩定的保險業務可以創造收入。聯準會有權根據穩定的擔保品提供貸款，而美國國際集團和貝爾斯登或雷曼兄弟不同，擁有受到良好管制的保險子公司、繳納保費的承保人與符合法定義務的儲備金，能夠用來擔保貸款。對於美國國際集團依照融資基礎承受擠兌風波的能力，市場已失去信心，但是美國國際集團的主要問題在於其控股公司，而控股公司建立在腹背受敵的金融產品投資分公司。我們認為，市場應該會承認美國國際集團保險事業的價值，足以維持該公司的償債能力和運作能力。

在擠兌的震盪之中，向即將破產的公司提供貸款依然很有風險，我們也知道提供貸款可能只是為了金融體系爭取時間，畢竟還是有違約的可能性。但是到了星期二，美國國際集團如果沒有獲得需要的現金，就會聲請破產，而其需要的現金額度似乎每小時都在增加。當天下午，聯準會向美國國際集團發出「接受或不接受，自行決定」的貸款提議，信用額度是850億美元，並且採用懲罰利率，藉此交換該公司79.9%的股權——這個股權比例正好低於政府必須將美國國際公司正式國有化，納入政府損益的分水嶺標準，但能夠確保美國國際集團如果倖存，納稅人付出的金錢可以獲得不錯的利潤。美國國際集團接受提議，即使其中一個條件是我們將會立刻撤換集團執行長。

我們知道輿論的反彈將會非常激烈，也清楚了解情況看起來就像我們搖搖晃晃地改變了政策方向。巴尼・法蘭克譏諷9月15日應該命名為「自由市場紀念日」(Free Market Day)，用於紀念美國政府在雷曼兄弟事件和美國國際集團事件之中，曾經有過一天的時間致力追求自由市場的嚴格標準。然而，我們並未突然採納或放棄任何原則，我們的目標依然是竭盡所能避免市場陷入混亂，我們並未逾越自己的權限。美國國際集團提供了穩固的擔保品，足以擔保需要的融資金額，以維持公司營運，反觀雷曼兄弟沒有擔保品。面對美國國際集團時，我們採取強硬的協商政策，一部分是為了盡最大可能保障納稅人的錢，另一部分則是為了最小化未來可能導致的道德風險。美國國際集團的股東後來提出告訴，因為他們認為自己遭到嚴苛對待，雖然這個結果讓我們覺得委屈，但確實反應了我們致力追求的目標是拯救整個金融體系，而不是保護任何人。援救美國國際集團已經是在金融危機時期最不可怕的選項，即便我們也嘗試最小化該選項的可怕程度。

如果更在乎懲罰而不是追求穩定

評論家譏諷我們向華爾街送出另一次的訊息：美國政府將會獎勵失敗破產的金融機構。但是，大多數經營失敗的金融機構人員都未獲得獎勵。在金融危機時期，全國的金融公司、貝爾斯登、房利美、房地美、美林、雷曼、花旗以及美聯銀行的執行長全都丟了飯碗。上述所有金融機構的股東，都親眼目睹公司的股價慘跌。我們確實減少了金融部門的某些痛苦，藉此避免債權人和交易對象全面逃竄。我們的行動可能創造一定程度的道德風險。但是，我們絕對沒有鋪設一條誘人的道路，讓未來的金融機構可以跟隨。如果我們只是為了可自以為是地設立嚴苛的先例，任憑金融體系從內部瓦解、拖垮美國經濟，也只是一種詭異的傲慢行為。倘若我們判斷美國國際集團倒閉後只會影響該公司的執行長和股東，我們將會很樂意眼見該公司倒閉。不過，我們不希望看見對金融體系造成危險的機構倒閉，因為我們在那時沒有辦法避免金融機構倒閉所造成的傷害，將演變為一場全球災難。

有些評論家非常憤怒，因為聯準會並未堅持「估值折扣」（Haircut，字面意義為「剃頭」），也就是減少美國國際集團債權人和交易對象所獲得的金額；相反地，卻與一家即將倒閉的公司達成高風險交易，依然可以讓該公司得到一筆錢。事實上，聯準會沒有任何權力，可在不觸發違約機制的情況之下，強制執行估值折扣，但觸發違約機制代表美國國際集團必然破產。即使我們曾經提議，希望美國國際集團的債權人自願接受最小額度的估值折扣，他們依然迅速拒絕。無論如何，雖然在正常的時候，向即將倒閉的公司債權人執行估值折扣是合理的處理方法——也是銀行正常破產流程中的常見現象——可是在金融恐慌時間，執行估值折扣必然會讓恐慌情形更加嚴重。強制要求估值折扣將會向其他有問題的金融機構的債權人發出一個訊息：如果他們不立刻擠兌，就會面臨承受估值折扣的風險，我們將會在一個星期後的華盛頓互惠銀行事件中看到這個現象。當危機發生後，首要目標應該是減輕恐懼感，而不是讓人相信恐懼感並放大恐懼感。

我們理解為什麼群眾希望看見金融公司因為採取魯莽行為而必須付出終極代價。俗話說，沒有破產的資本主義，就像沒有地獄的基督教。只是在金融危機期間，如果政策制定者更在乎懲罰而不是追求穩定，只會讓危機更嚴重。正如柏南克所說，如果你的鄰居因為在床上抽菸，導致他的房子起火，你其實更希望消防隊在火勢蔓延至你的房子前撲滅火勢，即便讓火勢繼續燃燒顯然可以懲罰那位犯罪者，而且還傳達一個強烈訊息，讓他明白在床上抽菸是永遠都不能被寬恕的行為。除了控制火勢的必要行動之外，想要避免讓魯莽行事者獲得獎勵，確實是合理的想法，在火勢熄滅之後，也應讓他們獲得該有的懲罰（並且建立更強力的防火措施）。但是，首要任務永遠都是：撲滅火勢。

事實證明，美國國際集團面臨的困境，比我們想像的更嚴重。完成第一次貸款紓困後，美國國際集團依然瀕臨瓦解，紓困援救的金額最後擴張至難以想像的1850億美元。雖然，美國國際集團最後還是連本帶利完成償還，部分藉由賣出集團的其他子公司，而且美國政府因而獲得230億美元的盈餘。更重要的是，我們避免美國國際集團違約之後可能產生的更大傷害。美國國際集團的高層讓金融經濟體系陷入危機，所以他們依照金融危機之前簽訂的合約領取分紅時，讓公眾更為憤怒。從公共關係角度來看，拯救美國國際集團是極為不智的行為。只是在2008年9月，就在雷曼兄弟破產隔天，如果無法拯救美國國際集團，將會造成災難性的結果。

一個時代的結束

我們已經避免了幾次災難，但我們的努力還是不夠。雷曼兄弟的破產，加上美林和美國國際集團的幾近破產，讓市場受到相當程度的震撼。2家倖存的投資銀行都面臨嚴重擠兌潮。摩根史丹利的信用違約交換費用飆升，甚至高於雷曼兄弟破產前的費用；高盛在一個星期內親眼目睹價值600億美元的流動資產蒸發。公司債券與政府債券的價差，提高至1929年經濟大蕭條時期以來的兩倍，顯示大眾害怕非金融企業可能大量出現破產情事。短期國庫債券的殖利率已成負數，反應了市場瘋狂地想尋找安全的投資標的；投資人過於害怕，不敢採取任何投資行為，甚至願意付錢購買政府債券，讓政府保護他們的現金。柏南克收到棒球統計大師比爾．詹姆斯（Bill James）[1]的電子郵件，鼓勵他必須努力堅持：「到了某個階段，那些主張事情不可能變得更糟的人，他們必須是對的。」

但事情真的變更糟了，當我們在星期二完成美國國際集團的紓困條款時，新的災難又爆發。貨幣基金公司「儲備首要基金」（Reserve Primary Fund）曾經大量投資雷曼兄弟所

1　譯註：比爾．詹姆斯是一位歷史學家與統計學家，而他最有名的領域則是以統計方法研究棒球，開創了所謂的「棒球統計學」（Sabermetrics）。他的影響深遠，2003年，美國職棒大聯盟的奧克蘭運動家隊就是用棒球統計學作為建軍原則，以極低成本遴選球員，打進季後賽，成就一段傳奇故事，也成為金融記者麥可．路易士（Michael Lewis）經典著作《魔球》（*Moneyball*）中的故事主角。而麥可．路易士另一本經典作品《大賣空》（*The Big Short*）也改編為經典電影，主題正是本書探討的2008年金融危機。

發行的商業票券，而該公司在此時宣布無法百分之百償還給投資人，並且中止贖回。投資人害怕其他貨幣基金也會打破「百分之百償還」原則，並凍結他們的現金，因此在那個星期倉皇提領了2300億美元，準銀行系統在沒有保險的情況下，準儲蓄現金遭到恐慌的擠兌。在同一時間，由於貨幣基金必須撤回風險投資，安撫投資人的信心，於是減少購買商業本票，也減少在附買回交易市場提供的貸款金額，銀行和非銀行系統的流動資產危機變得更加險峻。高評比分數的非金融機構公司，如奇異電子、福特汽車甚至可口可樂，這些公司的執行長都向鮑爾森提出警告，表示他們無法賣出公司的商業本票，因而失去公司日常經營及支付廠商和員工薪資時，必須使用的短期融資。這個現象導致他們必須降低存貨，向小型和中型供應商提出延後付款，於是中小型供應商因而被迫裁員。

金融危機正要開始擴散，而且是用具體與能夠實際感受的方式，從華爾街開始影響到市井小民。我們下定決心，必須阻止貨幣基金市場的擠兌，開始投入3.5兆美元資金，希望拯救3000萬名美國人的生活，並且購買各家公司的商業本票，因為商業本票是許多實體經濟公司的日常營運命脈，用於維持每天的資產流動性。鮑爾森的團隊提出一個想法，使用財政部的500億美元交易穩定基金（Exchange Stabilization Fund）保障貨幣基金市場，正如美國聯邦存款保險公司可以保障銀行的存款。財政部的交易穩定基金原本應該只能在緊急時刻用於保護美元的價值，但我們提出一個主張：阻止貨幣基金市場的擠兌，能夠避免經濟崩潰，而經濟崩潰將摧毀美元的價值。無論如何，我們相信，只要財政部宣布願意保障貨幣基金市場，不一定需要實際支出或提供貸款，如果能說服投資人相信他們的金錢是安全無虞的之後，就會恢復信心，停止擠兌。聯準會也提出一個新的貸款計畫，支持財政部的保障貨幣基金政策。聯準會的新計畫名稱是老派傳統的字母縮寫，全名是「資產擔保商業本票貨幣市場基金流動性機制」（Asset-Backed Commercial Paper Money Market Fund Liquidity Facility，AMLF）。這個迂迴的新借款計畫，藉由協助銀行向貨幣基金購買商業票券，解凍資產抵押擔保票券的市場。在2個星期內，聯準會的新借款計畫提供1500億美元融資，購買市場已不再信任的證券。

我們的干預措施奏效了。沒有其他的貨幣基金打破百分之百償還的原則，由於財政部針對新的保險政策，向所有貨幣基金收取保費，納稅人也因而獲利。聯邦準備會提供的額外資產流動性確實有幫助，但真正的啟示在於政府保證的力量；金融危機的管理者提出令人信服的保證承諾，對抗災難性的結果，市場的參與者就沒有必要為了應對災難結果而行動，因此，我們害怕的結果並未發生。

我們沒有權限擔保投資銀行的債務，因此我們用了很多時間，催促摩根士丹利執行長約翰·麥克（John Mack）及高盛的洛伊德·布萊克費恩（Lloyd Blankfein），要求他們尋找機會，與融資基礎更好的商業銀行合併。在這個階段，蓋特納在各家銀行之間安排多次彷彿「奉子成婚」的倉促婚姻，華爾街甚至開始用知名約會網站eH.armony當作他的外號。但是，各種潛在的大型合併方案，例如高盛與美聯銀行或者摩根士丹利和花旗集團，全都不合理；美聯銀行和花旗集團雖然擁有具保險作用的存款，但各自有自己的難題，假如通過上述提到的合併方案，看起來就像讓兩個醉漢一起跌落泥坑。同時，我們也心不甘情不願地請美國證券管理委員會暫時禁止市場賣空金融公司股票。數個月以來，我們一直不願提出這個決定，如果不是因為環境條件非常極端，我們也不會考慮。我們不喜歡禁止投資人針對有問題的公司進行賭注——這種做法就像立法禁止民眾提出負面評論，但負面評論會傷害市場信心，而我們希望保護市場信心——然而，摩根士丹利已瀕臨破產倒閉邊緣，高盛也會踏上摩根士丹利後塵，大型商業銀行緊追在後。我們已經沒有太多方法可以保護市場了。

摩根士丹利和高盛這2家投資銀行都在絕望地尋找策略合作夥伴，提供作為基石的資本投資，加強他們的資本緩衝空間，並向市場釋出信心訊號，表示他們的事業依然能夠順利運作。聯準會決定讓摩根士丹利和高盛轉型為銀行控股公司（bank holding company），唯一的條件就是必須立刻提高重要的私有資本。在9月20日的那個周末，高盛向華倫．巴菲特募得50億美元的投資，也藉此成功公開募資獲得另外的50億美元。摩根士丹利則是得到三菱企業同意用90億美元購買摩根士丹利20%的股權。聯準會將摩根士丹利和高盛轉型為銀行控股公司只是一種含糊的市場安慰訊息，實際上沒有太多的改變。舉例而言，上述提到的借款計畫方案，在2家投資銀行轉型之後，能夠借用的額度也沒有任何變化。

私人企業願意投入資本，是一種信心投票，但金融大火卻依然熊熊燃燒。我們幾乎無法消弭恐懼的發展，我們現有的工具也已經證明太過薄弱，根本無法控制市場擠兌的力量。為了整體的金融部門著想，我們需要採取行動以救災，而非一次解決一家金融機構的問題。而假如沒有國會的同意及納稅人的金錢，我們沒辦法達成這個目標。

大政府社會主義？

數月以來，我們都希望獲得更強有力的緊急處理權限，但國會已經表明，他們需要更多急迫的證據，證明我們確實需要更大的權力，而我們也害怕如果聯準會和財政部的要求公然遭到國會駁回，將會導致市場更加擔憂我們結束金融危機的能力。但是，我們現在正凝視著經濟大蕭條捲土重來的深淵，第一次相信自己或許可讓不情願的國會願意採取行動。9月18日，一場在白宮羅斯福會議室召開的會議中，柏南克和鮑爾森告訴小布希總統，時機到了，我們應該拜訪國會；柏南克強調，聯準會已經沒有其他方法。因此，總統同意我們前往國會山莊，要求國會授權提供我們所需的抗火能力，我們就能確保市場不會出現下一次雷曼兄弟式的破產倒閉。

那個星期五晚上，鮑爾森向國會送出「問題資產紓困計畫」（Troubled Assets Relief Program，TARP）的3頁草稿，提案讓財政部有權力購買價值7000億美元的有問題房貸抵押擔保證券，這些證券已經毒害了金融體系。計畫書中提到的7000億美元，其實是武斷的預估數字——相較於價值11兆美元的住宅房貸市場，7000億美元似乎不足以處理問題，但如果金額比7000億美元更接近11兆美元，似乎過於巨大，政治系統無法吸收——但鮑爾森真正的目標，在於創造市場的認知及建立財政部確實擁有強大處理能力的印象。我們希望藉此讓危險的金融機構可提高資產緩衝的空間，方法是收購造成公司損益表負擔的不流動資產；我們同樣希望藉由上述的收購行為，減輕相似的房貸資產市場問題，即使我們並未實際購買相關資產，讓整體金融體系達到實質上的資產重組。鮑爾森的計畫很接近財政部和聯準會在4月所共同規畫的「打破玻璃重來」（Break-the-glass）計畫，現在也很明確地應該是我們「砍掉重練」的時刻。

公開宣傳「問題資產紓困計畫」法案有些風險。鮑爾森和柏南克必須說服國會相信，現在的情勢已非常艱困，必須採取非比尋常的行動；可是假如過度充滿警告的修辭則會引爆市場恐慌大火，這是我們在金融危機期間所面對的溝通陷阱。鮑爾森的提案，立刻就導致一場關乎自身的政治風暴。鮑爾森的提案原本只是單純的概要方針，以回應克里斯多福·陶德的要求，因為陶德認為鮑爾森不能只是向國會提出既定事實，但評論家也藉此嘲笑鮑爾森的提案缺乏立法細節。草案的內容包括財政部擁有毫無限制的彈性，可自由安排7000億美元經費，不受國會干預，甚至也沒有司法審查機制，因而引發對於鮑爾森的指控，認為他想獲得史無前例的權力。許多共和黨人士抨擊鮑爾森的計畫是「大政府社會主義」(Big Government Socialism)，而許多民主黨成員則抱怨草案並未限制金融機構的高管薪酬及紓解住宅持有人的困境。在國會山莊舉行的一系列聽證會中，鮑爾森和柏南克被反覆地公開羞辱，批評他們將華爾街的重要性放在大眾平民之前，指責他們只照顧金融體系的縱火者，而不是讓縱火者自作自受。其中一位參議員告訴柏南克，民眾打電話到參議院辦公室針對該提案的意見是「50%表達反對，另外50%的反應則是絕對不贊同」。

然而，在新聞鏡頭及國會聽證會之外，鮑爾森確實取得兩黨共識的進展，共和黨總統提名人、參議員約翰·麥肯

（John McCain），突然宣布他會暫停選戰行程，立刻搭機飛回華盛頓特區，協助解決金融危機，將兩黨的法案協商提高至總統選戰的漩渦之中。鮑爾森警告麥肯，如果麥肯想要破壞「問題資產紓困計畫」，鮑爾森將會公開表示麥肯想要破壞美國經濟，當然，鮑爾森並不希望走到那個地步。鮑爾森甚至暗示自己獲得柏南克的支持，但事實上身為聯準會主席，柏南克不一定會支持他。鮑爾森為避免美國經濟遭逢災難，甚至不惜虛張聲勢。

金融危機政治學

9月25日星期四，小布希總統和鮑爾森參加白宮會議，出席者還有總統候選人麥肯與歐巴馬、兩黨國會領袖。這次的會議毫無結果，在關鍵的共和黨成員拒絕接受「問題資產紓困計畫」後，眾人在相互咆嘯之中結束會議。即使金融危機爆發的時間點不是在總統大選前，金融危機的政治學永遠難以處理，因為穩定金融體系的必要行動從來不會獲得民眾歡迎。所以，危機處理者必須在危機爆發前就擁有必要的工具，於是政治領袖就沒有必要在處理金融危機當下承受政治風險——被放在公眾的顯微鏡下檢視。正如蓋特納的幕僚李．薩克斯（Lewis “Lee” Sachs）所說，如果火勢已經失去控制，負責撲滅大火的消防部門不應該還要召開城市會議，才能獲得授權購買新的設備。

事實上，就在白宮舉行會議的那個星期四，金融大火燒掉了另一家巨大的金融公司：華盛頓互惠銀行。華盛頓互惠銀行取代印地麥克銀行，成為美國史上獲得聯邦存款保險公司保險但依然倒閉的最大型金融機構。美國聯邦存款保險公司總裁希拉·貝爾（Sheila Bair）促成一項交易，讓摩根大通銀行收購華盛頓互惠銀行，並保障華盛頓互惠銀行的存款不需聯邦存款保險公司的保險融資。美國聯邦存款保險公司促成的合併交易不只完全清算華盛頓互惠銀行原有的股東，雖然這個舉動是正確的，但也讓可優先清償債務的債權人承受巨大損失。換句話說，這次合併交易導致華盛頓互惠銀行違約，無法履行債務，而我們在處理其他金融機構時，極力避免這種結果。

在承平時期，這種估值折扣很合理，強迫債權人因為自己不睿智的貸款決策而承受損失；但是在恐慌時期不能如此，估值折扣將會向其他金融公司的貸款債權人傳達一個訊息：他們應該在擠兌之後逃跑。貝爾認為我們的紓困行動創造過多道德風險，她將華盛頓互惠銀行破產視為教育金融體系的時刻。她也非常保護美國聯邦存款保險公司，她經常引述她的法定義務是用最低成本經營聯邦存款保險公司。但是，如果金融體系的穩定性處於關鍵時刻，在她的法定義務之外還有「系統風險例外」，讓華盛頓互惠銀行的債權人承受估值折扣，可能會創造嚴重的風險，造成其他銀行破產倒閉、美國聯邦存款保險公司承受損失、引發更多紓困行動與產生更多道德風險。

事態的發展也確實如此。隔天清晨，美聯銀行發生擠兌，美聯銀行就是下一張倒閉的骨牌，也是全國資產規模排行第四名的銀行。保障美聯銀行優先債務避免違約的成本提高了兩倍，在1天之內，美聯銀行10年期債券的價格下跌將近三分之二。我們再度需要用周末的時間，拯救即將破產的巨型銀行。花旗銀行與富國銀行集團（Wells Fargo）都有興趣合併，但他們不願在沒有政府協助的情況之下，併購美聯銀行並且保障履行債務。一開始，貝爾想要重新執行她處理華盛頓互惠銀行的守則，採用估值折扣手法，保護美國聯邦存款保險公司的基金及避免道德風險。不過，經過一番激烈討論後，她同意使用系統風險例外原則，避免下一次造成混亂的違約問題，導致市場更為恐慌。

美聯銀行的事件尚未結束。美國聯邦存款保險公司一開始宣布美聯銀行會賣給花旗銀行，也同意聯邦存款保險公司將吸收美聯銀行一部分的不良房貸資產風險。可是，富國銀行集團提出新的條件：不會執行估值折扣，也不需要聯邦存款保險公司的幫助時，聯邦存款保險公司旋即改變心意。推翻原本的決策是可以理解的，但政府的反覆不一在市場中引發不安。政府的決策從表面上看來顯頇顛簸，沒有一致的策略，泰半都是因為權力有限、管理權限四分五裂以及金融危機本身非常混亂。但是，此種現象並未讓市場安心地相信我們已經控制局面，也限縮了我們運用手中工具所達到的成果。

我們希望向市場保證，不會再出現下一個雷曼兄弟或華盛頓互惠銀行，為讓我們的保證值得相信，我們需要「問題資產紓困計畫」。在處理美聯銀行的那個周末，鮑爾森和他的團隊仔細地與國會領導人討論在原本非常精簡的法案草稿中加入監督方法，及針對相關金融機構執行長的「黃金降落傘」[2]限制條款。鮑爾森反對更嚴格地限制金融機構的執行長補償策略，他希望避免「問題資產紓困計畫」染上惡名，因為這個限制將會讓並未瀕臨破產邊緣的銀行不願加入計畫，而如果其他銀行無意參與，計畫就不會成功。然而，鮑爾森的優先順序依然是達成國會協議，讓財政部擁有鮑爾森需要的所有工具。麥肯和歐巴馬都在此時展現政治勇氣，願意支持鮑爾森的計畫。

不過在9月29日星期一，眾議院以些微差距否決「問題資產紓困計畫」法案。標準普爾500指數應聲下跌9%，損失金額達到破紀錄的1兆美元。那是一個令人極為驚慌的時

2　譯註：golden parachute。是指在收購時期，針對被收購機構工作人員的補償機制，無論他們是自願離開或被要求離開，都會得到鉅額補償金額。在這個爭議中，由於美國國會希望懲罰華爾街金融機構的高層，他們不希望在拯救瀕臨破產的金融機構時，還要讓破產金融機構的執行高層獲得鉅額補償金，所以要限制黃金降落傘機制。但鮑爾森認為，倘若嚴格限制，就會讓其他目前情況安全的金融機構執行長為自保而不願參與。

刻，就連頑強的共和黨眾議員也因而感到恐懼。參議院的領導者在「問題資產紓困計畫」法案中加入減稅條例後，於星期三獲得兩黨參議員的廣泛支持，通過法案。到了星期五，眾議院扭轉原本的立場，通過內容更好的法案版本。雖然這個過程不漂亮，但在面對國家危機時刻，由民主黨控制的國會（加上共和黨一定程度的支持），只用了16天，就能通過在政治意義上效果驚人的7000億美元華爾街紓困方案，授權給由共和黨控制的行政部門。這個法案讓財政部獲得驚人的擴張權力，也傳達一個明確訊息：鮑爾森甚至不需使用「問題資產紓困計畫」，就能購買有問題的資產。巴尼．法蘭克為此開了一個玩笑，他說鮑爾森如果想要用這筆錢買石頭，他也能稱心如願。只是，買石頭不是鮑爾森的計畫，等到法案通過時，財政部和聯準會已開始專注在購買有問題資產之外的替代方案。

Chapter 5

Dousing The Fire

October 2008-May 2009

滅火：

2008年10月至2009年5月

「問題資產紓困計畫」的通過是一個轉捩點，象徵由民主選舉產生的政府部門，正式承認金融危機對於經濟造成嚴重的威脅，並讓危機管理人獲得拓展的權限以能夠穩定金融體系。但是，金融體系的不穩定依然維持了一陣子。

其中一部分的原因很單純，金融體系的狀況非常不好。金融體系已經承受了14個月的打擊，9月時的混沌局勢——不只是雷曼兄弟的破產倒閉，還有房利美與房地美、美林以及美國國際集團，加上貨幣市場基金出現史無前例的擠兌——已經嚴重打擊信貸市場與市場信心。國會通過7000億美元的紓困方案是一個非常令人振奮的消息，但金融市場的問題規模卻超過7000億美元，市場愈來愈擔心其他重要的金融公司是否有償還能力。事實上，在國會通過頒布「問題資產紓困計畫」法案之後，因恐慌而生的壓力並未減輕，於是也在銀行之間創下歷史新高的相互借款金額；在那個星期，美國股市承受了自1933年以來最嚴重的挫敗。顯然地，光是「問題資產紓困計畫」無法平息恐懼。我們必須公布一個能立刻安撫市場的明確計畫，而且要快速執行。

不幸的是，不信任的病毒曾經感染房貸抵押擔保證券、擁有房地抵押擔保證券敞口的公司以及與上述公司建立敞口的其他公司，如今也開始擴散至聯準會及財政部。我們應該要著手改善情況，但情況卻變得更加嚴峻，市場開始懷疑我們能不能控制感染情況。市場希望看見的是他們可以仰賴的強力一致策略，但問題是我們的權限受到限制，導致市場認為我們只是隨機應變，選擇只拯救某些公司、放棄另外一些公司，追趕不上金融危機的發展。現在，國會終於通過「問題資產紓困計畫」，拓展了我們的權限，不過鮑爾森決定不要動用這個法案的資金，購買金融機構的問題資產。情況看起來又像我們正在隨機應變，但在危機之中，因應時機的需求，勇敢改變策略方向是非常重要的。

即便我們已經升級了防火工具，金融大火依然熊熊燃燒的其中一個理由，在於廣義的經濟正在惡化。在2007年冬，美國的經濟已經開始衰退，但2008年秋天的騷動，加速了金融部門和實體經濟的毀滅輪迴；民眾失業、貸款違約、市場信心遭到打擊以及資產價值下跌，導致更多的緊縮策略、裁員、違約與賤賣，使得金融危機以及經濟衰退更形嚴重。隨著美國經濟從內部瓦解，市場可以更合理地假設有困難的金融公司將會承受最嚴重的後果。歐洲的情況一樣惡劣，7個歐洲國家必須採取干預措施，將超過一家的破產金融機構國有化。

然而，在擁有「問題資產紓困計畫」之後，我們認為自己終於可以迎頭趕上金融危機的腳步。

部署「問題資產紓困計畫」

我們第一次提出「問題資產紓困計畫」時，鮑爾森相信，相較於資本投資，購買資產更能夠恢復金融市場的穩定性。他的目標是銀行系統的資產重組。但是，政府過去將資金直接挹注至私人銀行時，條件總是非常嚴苛，導致唯有已經破產或即將破產的銀行願意接受政府資金，於是政府付出昂貴代價，將最脆弱的銀行改為國有，無法推動銀行系統的資本重組。鮑爾森當時相信，購買有問題的資產可以提高銀行其他資產的價格、增強銀行損益表的表現、改善銀行的資本部位，並且提高投資人的信心。相形之下，直接挹注資本可能會喚醒國有化的幽靈，產生大型銀行加速逃離的風險。在最近幾個星期，政府獲得房利美、房地美以及美國國際集團的股權時，該公司的股東都被清算了，鮑爾森害怕其他銀行的股東如果認為自己的股份也有遭到蒸發的風險，就很有可能會賤賣持股。鮑爾森也擔心，如果財政部的行動看起來就像將金融體系的一部分國有化，將會造成何種反應。

我們向國會爭取緊急權力時，必須處理美國歷史上兩宗最大型的銀行破產事件，也就是華盛頓互惠銀行及美聯銀行，等到「問題資產紓困計畫」法案啟動時，金融體系的局勢持續惡化，而且惡化的速度令人擔憂。我們必須立刻採取行動才能安撫市場。我們很快就明白，想要設計公平且有效的資產收購計畫是一個既複雜又艱難的使命。關鍵在於金融體系需要更多資本，購買資產是一種間接且沒有效率的資本提高方法。沒有簡單方法可決定財政部應收購哪些資產，又應該付出何種價格。鮑爾森的團隊思考了幾種方法，其中包括拍賣以及和來自私部門的投資人合夥，但是設置可行的計畫需要6個星期以上的時間。我們可以用未來的幾個月仔細檢視上述概念，但是，我們現在需要的是更簡單、更迅速而且更有效率的途徑，能夠在金融體系尚存之前，投以一臂之力。

國會通過「問題資產紓困計畫」時，我們3人同意，相較於購買有問題的資產，購買金融機構新發行的股票會是更簡單且迅速的方法，可直接將資金挹注至金融機構，穩定銀行系統。這個方法的力道更強，而且在成本計算上更有效率。我們必須竭盡所能地善用「問題資產紓困計畫」的所有資金；7000億美元不是一筆小數字，但我們擔心錯誤的資產購買計畫，可能會用完所有資金，於是依然沒有解決最根本的問題。鮑爾森的團隊也決定購買無投票權的優先權，而不是一般股權，藉此釐清市場對於政府接管金融體系的擔憂；財政部也會提出相對有吸引力的價格條件，讓健康的銀行及有問題的銀行都會願意接受政府的資本，藉此恢復金融體系的信心。

在過去14個月，我們的能力僅限於藉由聯準會處理資產流動性問題；現在，政府的資本終於能夠解決最根本的償債能力問題。但是，由於金融體系已經累積了可觀的恐慌程度，銀行本身依然難以找到融資來源，潛在的損失規模逐漸提高，我們擔心只有挹注資本並無法穩定金融體系。債權人和投資人持續從健康的金融機構及有問題的金融機構中抽走資金。想要確保銀行可獲得融資，最單純也最有力的方法，就是擔保銀行的債務，正如首要儲備基金打破百分之百償還比例後，財政部處理貨幣市場基金的方式。我們希望提出令人信服的承諾，那就是金融體系不會再有估值折扣或違約，因為唯有這個承諾才能恢復市場信心並阻止擠兌。我們從貨幣市場基金的事件中看見，市場會相信聯邦政府的承諾。數個歐洲國家的政府已決定針對國內銀行的債務提供全面性的擔保，因此，美國的金融市場防禦措施也必須做到類似的全面程度。

我們也想到另一個方法：既然美國聯邦存款保險公司有權力一次支持一家即將破產的銀行，他們也可動用系統風險例外原則，一次支持所有銀行。美國聯邦存款公司的總裁希拉・貝爾不願意讓存款保險基金承受更多風險，並且批評我們「不惜一切代價」保護金融體系機構的途徑，認為我們對華爾街過於慷慨。然而，她也親眼目睹雷曼兄弟銀行和華盛頓互惠銀行違約所導致的市場混亂，所以感謝她的理解，她最終同意考慮保障特定銀行的債務。

一開始，貝爾希望限制聯邦存款保險公司擔保銀行債務的程度：僅限於新發行的債務，排除銀行控股公司的債務，使用聯邦存款保險公司擔保機制的銀行必須支付懲罰性的費用，甚至限制擔保程度只有債務的90%，代表聯邦存款保險公司執行10%的估值折扣。貝爾主張，聯邦存款保險公司的基金只有350億美元，所以她必須謹慎評估風險。但是，我們認為讓聯邦存款保險公司的基金承擔部分風險，不僅可防止銀行擠兌、減少雪崩式破產，更能避免聯邦存款保險公司的基金用罄。除此之外，貝爾可以向財政部申請貸款，支持聯邦存款保險公司的基金；金融危機結束之後，聯邦存款保險公司也能向金融機構提高費用，補足基金缺口。

用盡所有方法解決金融危機

我們希望用盡所有方法解決金融危機，因此，即使我們正在盡快討論政府資助和債務保障的詳細方法，我們也正在推動額外的方法，保護金融體系。聯準會設置了新的貸款計畫，避免市場崩潰，讓主要的大型企業可使用還款期限超過1天或2天的日常營運需要融資。這個計畫是「商業本票融資機制」(The Commercial Paper Funding Facility，CPFF)，其基礎則是對於聯準會緊急處理權力的嶄新詮釋，並且在計畫執行後的第一個星期購買了價值2420億美元的本票，協助緩解大型企業商務營運的短期融資管道。這個計畫最後替美國納稅人賺得8490萬美元的營收，從來沒有承受損失。

在同一時間，由於全球經濟發生史無前例的恐慌，我們也宣布美國將會採用史無前例的措施，面對全球的交易對象。首先，美國聯準會與各個主要國家的中央銀行，成功推行歷史上第一次的全球整合降息。降息的程度為半個百分點，雖然沒有辦法完全修復市場的信心，但能夠確實地送出國際共同努力的訊息。美國的聯準會推動寬鬆貨幣政策以促進經濟成長，考慮到一向採取鷹派立場、謹慎避免通貨膨脹的歐洲中央銀行才剛在7月時採用貨幣緊縮政策，聯準會的成功可說不可小覷。鮑爾森和柏南克獲得英格蘭銀行總裁默文・金的支持，成功讓7大工業國組織發表一則強力聲明，宣示「將會採取緊急的例外行動」終結全球金融危機，並在大多數國家的公報中強調每個國家都會「使用所有可行方法，支持在金融體系中擁有重要地位的機構，避免走向破產」。我們「不惜一切代價」終結金融危機的方法，現在終於成為世界主要經濟國家的策略。

我們現在依然必須完成資本協助計畫的最後細節，而且聯邦存款保險公司也要在10月第二個星期一的哥倫布日到來之前，確定擔保銀行債務。我們的挑戰在於設計足夠強悍的條款，保護納稅人的錢，但又不能過於刁難，否則會導致健康的金融機構不願意加入，讓紓困計畫染上惡名。我們不相信自己可以強迫資金比例已超過法定最低標準的金融公司參與「問題資產紓困計畫」；同時我們也擔心，如果只有不健康的金融公司接受政府的資金，將會導致市場排斥相關公司，而金融體系其他公司的資本比例依然過低，而且非常脆弱。因此，我們設定了強硬的執行長補償限制，因為這是讓國會同意的其中一個條件，除此之外，我們並未限制其他銀行高層的補償和紅利。我們希望讓「問題資產紓困計畫」的參與者最大化，於是我們就能夠向金融體系挹注足夠資金，足以避免金融體系發生恐慌。我們也設置了能吸引銀行的資金挹注條款；財政部將會購買各家金融機構的優先股，股利由原本的5%，隨著時間經過增加至9%，附帶認股權（warrant，財政部可在未來執行選項，用固定價格購買該機構的股份），如果相關金融機構往後的經營表現良好，納稅人的錢必定可以購買他們的股權。我們的目標在於讓財政部提供的資金具備足夠吸引力，讓所有銀行都接受，但也要提供足夠動機，讓他們願意用政府資金取代私人資金，同時減輕市場壓力。

至於銀行債務保證，貝爾同意將聯邦存款保險公司的保證範圍應用至銀行控股公司及一般銀行，降低費用，避免紓困計畫染上惡名，而且是全額保障，沒有估值折扣——因為估值折扣實際上違反了保證債務的用意。但是，為減少美國聯邦存款保險公司的風險，貝爾堅持紓困方案只適用銀行的新債務，代表債權人依然必須擔心既有債權承受可能的估值折扣或違約——然而，只要銀行可以更為輕鬆地發行新債務，確實有助於協助他們履行既有債務。我們的資產挹注計畫並非毫無缺點，我們購買永久優先股，而永久優先股將會在普通股之前獲得固定的股息，我們的風險在於財政部的方案從外表上看更像是提供貸款，而不是資產投資，市場的信心可能會因而折損，認為金融體系並未獲得足夠的資本重組。不過，我們依然有足夠信心相信「問題資產紓困計畫」方案可處理資產流動性及金融機構償還能力不足問題，減少擠兌風險，同時協助銀行恢復組織健康，重新開始提供借款，並刺激經濟成長。我們也認為，「問題資產紓困計畫」能夠協助需要資金的銀行獲得足夠喘息空間，足以擺脫依賴私人資金，而不會驚動市場。

我們需要盡快實行計畫，並且展現政府確實擁有相關的控制能力，因此鮑爾森在哥倫布日時，召集9家在金融體系中最重要的機構執行長前往財政部。我們3人，加上貝爾及財政部金融管理局的約翰．杜根（John Dugan），向9位執行長表示，我們希望他們全都接受財政部的資金，最高額度是該機構風險資產的3%，等同於1250億美元的「問題資產紓困計畫」資金，加上美國聯邦存款保險公司將保證他們從2009年7月之後發行的債務。這是一個配套交易。如果他們不接受政府的資金，就不會得到政府的債務保證。少數幾家銀行認為自身的資本比例很好，擔心如果接受政府紓困計畫，會讓市場認為他們就像其他處境更危險的競爭對手，而且所有銀行都不願接受聯邦政府作為投資人。但是我們提醒他們不應該過度有自信，不要認為自己擁有足夠的資金緩衝空間，足以承擔可能發生的經濟大衰退，遑論金融體系崩潰之後的擠兌——除非他們接受政府的資金，否則政府不會提供債務保證。9家金融公司都需要金融體系繼續運作，而確保金融體系能順利運作的最好方法，就是這9家公司全都參與「問題資產紓困計畫」。達成這個目標後，我們會向較小型的銀行提供另外一筆1250億美元的紓困金，由於9家大型金融公司已經加入計畫，就沒有必要擔心汙名化的問題。那天下午，9家主要金融公司執行長都同意參與計畫，美國股市也在當天創下單日最高漲幅紀錄。在隨後的幾個月，我們迅速地將資金投入在將近700家中小型銀行，這是一個關鍵步驟，用意是促進銀行系統的穩定化與資本重組。

美國聯邦政府最後因投資銀行而獲得大幅利潤，但在那個時候，社會大眾認為我們將金錢免費提供給破壞經濟市場的銀行家。歐洲各國在2008年的秋天則是採用較傳統的方法處理銀行問題。他們將破產的銀行國有化，向其他銀行提供資金，但條件非常嚴苛，幾乎沒有銀行願意接受。因此，歐洲銀行系統資金不足的問題依然嚴重，而歐洲的經濟恢復速度也比美國更緩慢。讓「問題資產紓困計畫」能成功達成經濟復甦目標的原因，也是讓這個計畫更不被美國社會大眾接受的原因。我們可以理解，社會大眾希望我們用所能採取的最嚴苛方式來懲罰銀行家。

但是，現在只是金融危機終結的起點。

經濟海嘯才剛觸及岸邊

我們已擁有效率更好的策略，可以應對金融地震，然而經濟海嘯才剛觸及岸邊。在2008年第四季，美國經濟的年衰退率為8.2%，失去將近200萬個工作機會，華爾街的餘波蕩漾正要開始影響市井小民。普羅大眾承受的災難，也會反過來造成華爾街的問題惡化，因為破產的企業違約，無法償還貸款，於是遭到裁員的員工無法償還信用卡債務、學生貸款、汽車貸款以及房貸。銀行資產損益表上的問題資產問題比以前更嚴重，房貸違約與逾期比例增加則突顯市場對房貸抵押擔保證券的擔憂。自從1930年代經濟大蕭條以來最嚴重的經濟衰退是愈演愈烈，也讓我們想要穩定金融市場的目標變得更複雜。

然而，「問題資產紓困計畫」的執行成果已出現嚴重的問題，導致市場開始懷疑我們提供的新資金來源是否足以填補金融體系剩餘的資金坑洞。我們手中能夠運用的只有「問題資產紓困計畫」一開始核可的3500億美元，我們必須獲得國會同意，才能使用剩餘的3500億。我們向銀行部門挹注2500億美元之後，「問題資產紓困計畫」第一階段的額度只剩下1000億美元，總餘額則是4500億美元。但是，聯準會的一項分析結果顯示，光是銀行部門面對「高壓環境的假設情況」就需要2900億美元，如果是「極度高壓環境的假設情況」則需要高達6840億美元，其中甚至不包含協助美國的住家持有人或援助汽車產業的費用。

我們還要因應美國國際集團的問題，該集團公布了驚人的虧損金額，公司再度重創。我們這次決定重新設計美國國際集團紓困方案，希望可更為永久地治療傷口。幸運的是，我們現在擁有「問題資產紓困計畫」，鮑爾森同意向美國國際集團挹注400億美元資金，滿足信用評比機構的要求，讓市場認為美國國際集團在金融結構上依然可以保持運作。聯準會也提供兩個融資方案，承擔美國國際集團資產損益表上的問題證券之風險，美國國際集團已失去市場信心的資產也會遭到隔離。聯準會曾試探性詢問美國國際集團的債權人是否願意在該公司極為脆弱的時候，降低債權價值，但他們甚至不願接受極為輕微的估值折扣。從理論上來說，我們可藉由威脅債權人相信美國國際集團可能會違約，藉此強迫他們同意，但是我們的首要之責是避免違約及美國國際集團的信用評比遭到降級，因而引發恐慌。威脅債權人相信美國國際集團可能違約破產，不是降低違約恐懼的好方法，但我們也不希望發出「沒有任何人的債權很安全」的訊息，以加深市場的恐慌氣氛。

那是一段危險的時代，由於金融危機發生在每4年總統大選完成後才有可能出現的看守政府期間，因此局勢更加險峻。我們3人都對於歐巴馬在選戰期間用非常負責任的態度看待金融危機而感到印象深刻；我們也很清楚，歐巴馬確實明白這次金融危機挑戰的巨大程度。歐巴馬當選後送出一個訊息，表達他支持我們「不惜一切代價」的策略，他任命蓋特納接替鮑爾森擔任財政部長，即使蓋特納已提醒過歐巴馬，此舉將等於歐巴馬接受社會大眾非常不歡迎的金融危機處理方法，可能也會讓歐巴馬在選戰中傳達「改變」的立場變得更形複雜。在小布希總統和歐巴馬總統之間，雖然只有10個星期的政權移轉時間，我們卻覺得非常久。鮑爾森和柏南克相當支持歐巴馬提名蓋特納接任財政部長，但蓋特納自己也必須在政權移轉期間，處理其他金融機構的問題。在選戰期間，鮑爾森經常和歐巴馬交換意見，但在政權移轉期間，總統當選人歐巴馬不再與鮑爾森對話。在蓋特納的建議之下，歐巴馬的幕僚決定孤立鮑爾森，強調華盛頓特區在同一時間只有一位總統的原則，如果小布希政府的決策會影響歐巴馬政府，鮑爾森就不應該受到歐巴馬團隊的影響。在那段期間，鮑爾森覺得自己遭到放逐，但回過頭來，歐巴馬的決定是正確的，他讓小布希政府和聯準會不會受到總統當選人團隊的干預。從現實角度來說，也沒有任何一位總統當選人，會希望承擔自己宣示就職前的錯誤決策之責任。

我們不能讓花旗倒閉

在政權轉型期間第一個出現的緊急事件主角是花旗集團，花旗集團是國際金融巨人，擁有2兆美元資產。花旗銀行也是大型銀行中最脆弱的，資產坑洞甚至大過於他們從「問題資產紓困計畫」獲得的挹注資金，而且市場也很清楚。花旗集團的規模過大，與其他金融機構的相連程度太深，我們不能讓花旗倒閉，因此財政部決定更進一步挹注200億美元資金，購買優先股，但這次的條件是更為嚴格的8%股利。但是，光是提供更多資金，似乎不太可能阻止債權人及花旗銀行在國外的存款人擠兌。因此，這次的紓困計畫也包括聯準會及美國存款保險公司設置大約3060億美元的圍籬，保護花旗集團最脆弱的資產，花旗集團必須自行吸收370億美元的可能損失，超過370億美元之後，聯邦政府將會保證90%的債務。這個策略背後的概念在於限制花旗集團的尾端風險（極端風險），方法則是藉由保險以反制最惡劣的情況，希望恢復市場信心，避免最嚴重的情況發生。相較於提供花旗集團需要的所有資金，或購買花旗集團所有的問題資產，我們認為這個方法的成本更低，除非金融體系全體崩潰——倘若情況真是如此，我們的問題也不只是花旗集團而已。

同時，消費者信貸市場已經癱瘓了，聯準會和財政部已設計一套復甦計畫，準備刺激消費者信貸抵押擔保的證券市場。因此，柏南克和聯準會的同仁再度使用第13條第3款的權力，建構「定期資產擔保證券貸款機制」（Term Asset-Backed Securities Loan Facility，TALF），藉此創造對於信用卡貸款、學生貸款、汽車貸款以及小型企業貸款抵押擔保證券的需求，聯邦政府將會接受以上證券作為投資人貸款的擔保品。定期資產擔保證券貸款機制從「問題資產紓困計畫」中獲得200億美元的支持，避免聯準會因上述的證券擔保而承受損失，但聯準會最後未有任何損失——而且這個計畫可有效抵銷銀行在一般民眾最需要使用信貸的時候，嚴格限制信貸所造成的效應。

在挹注銀行資金、美國國際集團和花旗集團紓困計畫以及復甦消費者信貸市場之後，我們幾乎已用完「問題資產紓困計畫」第一階段的3500億美元資金。同時，美林正在承受嚴重的損失，導致美國銀行威脅取消收購，此舉可能引發市場同時擠兌美林和美國銀行；即使收購順利完成，我們依然認為需要使用「問題資產紓困計畫」的資金，才能協助合併之後的新公司。「問題資產紓困計畫」的資金可能還要用於紓困正在衰退的汽車製造業，避免美國中西部可能出現數百萬名員工遭到遣散。「問題資產紓困計畫」的設計本意不是為了紓困產業公司，因為產業公司通常可在聲請破產後，井然有序地進行公司重組或資產清算。由於銀行系統非常脆弱，因此破產公司在平常時刻仰賴的「控制權債務人融資」（Debtor-in-Possession Financing），已不可行。所以，如果汽車產業的主要大型公司破產，將導致汽車產業與供應鍊的徹底崩潰。小布希總統在12月時同意向通用汽車和克萊斯勒提供總金額為174億美元的過渡貸款，同時要求這2家公司進行資產重組和金融部門的重建。小布希總統同意的計畫，基本上是保障汽車產業在政權移轉時間繼續營運的命脈，雖然其中40億美元的貸款取決於國會同意撥款支持「問題資產紓困計畫」第二階段的資金。但是，小布希總統與鮑爾森已下定決心，用盡所有方法處理在政治上非常艱困的問題（如美國國際集團、花旗集團以及美國銀行），所以歐巴馬和新的行政團隊就不需承擔問題；除此之外，小布希總統和鮑爾森也沒有做出長期決策（如決定汽車產業公司應如何重組公司，或者如何協助「淹水」[1]的住家持有人），避免限制新總統。我們很難想像還會有其他任何時刻，比政權移轉時期更難以處理金融和經濟危機。在那個時候，政權移轉時的後勤作業與政治挑戰似乎非常艱難。但如今回首過去，當時的政權移轉意外地順暢。國會在沒有太多爭論的情況下，同意「問題資產紓困計畫」第二階段的款項。鮑爾森和柏南克向美國銀行提供類似花旗集團的紓困方案，由「問題資產紓困計畫」方案提供200億美元的資金以及1180億美元左右的

1　譯註：Underwater。是指正在繳納房貸的房子價值低過於貸款額度的特殊現象；也可以翻譯為「資不抵債」，為了讓讀者理解在本書的描述方法，譯者在此沿用「淹水」的翻譯方式。

圍籬措施。以上的介入措施都有助穩定美國銀行。幸運的是，美國銀行和花旗集團最後都沒有必要使用聯邦政府提供的特殊保險，並且因為政府提供的保險措施而支付相關費用。

美國銀行紓困計畫是鮑爾森以公僕身分完成的最後一個行動，但是他所支持的金融危機處理政策，大多數都在他離職以後繼續進行。或許，鮑爾森和柏南克後來都承受了一些指控，認為他們以不適當的方式向美國銀行施壓，要求美國銀行完成與美林的合併，他們甚至必須針對美國銀行紓困計畫一事出席聽證會，宣誓誠實回答。我們3人也在美國國際集團股東提出訴訟時，再度出席作證，因為股東認為聯邦政府拯救美國國際集團免於破產時，應保護更多股東權益。我們拯救的金融機構通常不會感謝他們所獲得的條件，但是社會大眾的觀感，壓倒性地認為他們根本不應該獲得紓困。

終局

不幸的是，歐巴馬總統就職時，金融危機尚未結束，美國經濟體系產生嚴重的衰退。「問題資產紓困計畫」提供的資金和保證確實有幫助，各家銀行的收入在來年第一季的報告中都出現顯著提升，但是金融穩定的跡象永遠都會用緩慢的腳步出現在經濟表現的數據中。此時，用於測量企業違約風險的恐懼指數甚至高過雷曼兄弟破產後。消費者信心指數跌落至歷史新低。蓋特納以財政部長身分第一次和歐巴馬總統會面時，他警告總統留意房利美和房地美已經用完2000億美元的聯邦紓困金，還需要另外2000億美元。市場依然相信金融體系的資本嚴重不足，美國國際集團、花旗集團以及美國銀行已經獲得紓困，但經營依然不穩定。我們使用「問題資產紓困計畫」超過一半的經費，但市場還是質疑我們能不能在不使用「問題資產紓困計畫」第二階段資金的情況下，支持金融市場，避免更混亂的金融機構破產景況。事實上，歐巴馬總統第一次提出的預算計畫書，就保留了7500億美元作為額外的金融紓困額度。

聯準會正在善盡職責，希望復甦美國的經濟體系。2008年12月，聯準會調降目標短期利率，在實質上趨近於0利率，並且在未來7年都保持相同利率。柏南克也宣布聯準會計畫購買由房利美和房地美發行的1000億美元債務，加上房利美和房地美抵押擔保的證券，價值5000億美元。這個計畫的目標不只是刺激證券需求以及衰退的房市，而是送出一個訊息，讓市場明白聯準會將繼續用有創意的方式推動經濟成長，即使聯準會受限於0利率下限（zero lower bound），無法調低利率。

然而，不管聯準會是否提出更多有創意的紓困計畫，都無法終結金融危機。即使利率為0，而「問題資產紓困計畫」讓銀行更富有，能應對正在形成的經濟風暴，但經濟衰退和金融不穩定所造成的不良回饋循環正在全力運轉。歐巴馬新政府必須使用多種激進措施，才能讓經濟體系起死回生，其中包括美國歷史上最大型的財政復甦法案——汽車產業紓困計畫強迫通用汽車和克萊斯勒由聯邦政府接管，作為必要重建的前提條件——以及更多雄心壯志的計畫，減少法拍並協助住家持有人。同時，歐巴馬希望找到一個強力的計畫，可修正金融體系，讓金融體系不能繼續拖累經濟體系的其他部分。第一次在白宮橢圓辦公室舉行會議時，歐巴馬告訴蓋特納，他不希望自己只能靜靜等候，祈禱金融局勢好轉。歐巴馬希望立刻採取行動，解決金融問題，於是他就能專心處理因2008年經濟大衰退所導致的其他挑戰。

關鍵問題在於，歐巴馬新政府應採取何種類型的行動。在意識形態光譜上，各種不同立場的金融專家都開始相信銀行部門是無法拯救的，歐巴馬總統將會被迫國有化其中一些銀行，甚至全數國有化。蓋特納在新政府中的許多同仁也認同這個觀點，長久以來的媒體走漏消息，都顯示國有化是勢在必行，也對市場上的銀行股股票產生打擊。在政府減少其股票收入或完全清算前，投資人選擇倉皇地賣出銀行股。

除非絕對必要，否則蓋特納和柏南克希望避免大規模的銀行系統國有化。即使只是國有化其中一或兩家主要的金融機構，似乎都很有可能觸發市場恐慌，導致聯邦政府必須接管更多金融機構。但是，隨著信貸市場凍結，經濟衰退的情況是愈來愈嚴重，搖擺策略並無法處理問題。蓋特納用了幾個星期的時間，和財政部的新團隊成員、白宮經濟顧問賴瑞・桑默思（Lawrence “Larry” Henry Summers）和歐巴馬的其他幕僚、聯準會以及聯邦存款保險公司進行激烈討論之後，提出一個最溫和的策略。蓋特納的計畫目標是恢復市場對於各家健康銀行的信心，結合史無前例的透明性及挹注新資金策略。在這個計畫之下，聯準會及其他的銀行管制單位將會仔細分析每家銀行在嚴重的經濟衰退與金融危機中可能承受的損失，並公開各家銀行的損失預估結果，確保所有銀行都可獲得足夠資金空間承受損失——如果他們能夠找到私人資金挹注，就使用私人資金；如果無法獲得私人資金，就要接受「問題資產紓困計畫」的資金。公開透明，是一個有風險的策略。倘若專家的觀點是正確的，將各家銀行的帳冊攤開在陽光下，會讓全世界看見銀行無法償債的能力宛如深淵。但是，市場已經有了最壞的假設，而市場的反應就像將銀行視為行屍走肉。蓋特納和他的同仁相信，只要市場依然不安，那麼永遠都不能重建信心。蓋特納判斷市場對於銀行系統健康程度的認知，其實比真實情況更惡劣。

壓力測試

蓋特納計畫的核心是「監督資產評估計畫」(Supervisory Capital Assessment Program，SCAP)，又稱為「壓力測試」

計畫。聯準會和其他銀行管制單位定期執行嚴格評估，判斷大型銀行是否擁有足夠資金，能夠承受接近大蕭條程度的經濟衰退。聯準會將公布結果，如果審核結果為資金不足，銀行有6個月時間尋找額外所需的資金。無法吸引私人投資資金的銀行將會被迫接受額外的「問題資產紓困計畫」資金——甚至可能被政府接管。這個計畫確實有個風險，那就是許多銀行可能都會被迫接受政府資金，「問題資產紓困計畫」為了重組銀行資金，可能也會用完所有經費，大規模國有化終究會發生。許多銀行的實際健康程度，可能比市場推測的更好，在這種情況之下，讓聯邦政府的政治系統事先負責審核銀行系統，可能是個非常極端的選擇。但市場傾向於過度悲觀或過度樂觀，蓋特納非常不願意在沒有實際證據證明銀行已無法運作的情況下，單憑市場對於未知情況的恐懼，就將銀行納入聯邦政府的監控。壓力測試可以更精準地描述各家銀行的健康程度——確保有問題的銀行獲得所需的資金，無論是投資人自願提供資金，還是銀行被迫接受「問題資產紓困計畫」的資金。

蓋特納和柏南克也同意採取激烈的擴增方式，將定期資產擔保證券貸款機制轉變為1兆美元的聯準會計畫，由「問題資產紓困計畫」的資金支持，這個舉動的意義在於宣傳聯邦政府復甦資產抵押擔保證券市場的決心（事實證明，我們不需使用這個額外的紓困能力）。蓋特納的團隊設計了一個新計畫，讓財政部和私部門合夥購買問題資產，採取鮑爾森當初為了盡快施行「問題資產紓困計畫」而暫時擱置的觀念。「政府民間合作投資計畫」（Public-Private Investment Program，PPIP）將提供「問題資產紓困計畫」的資金作為私人投資公司的貸款，私人投資公司必須決定購買何種資產以及購買的價格，聯邦政府不必親自處理——不過，投資人也必須投入金錢，共同承擔風險，並與聯邦政府分享獲利。

蓋特納在2009年2月10日的演說中，探討自己的計畫將會如何處理金融危機中最艱難的挑戰。這是蓋特納職業生涯第一次電視直播演說，在他演講時，美國股市大跌。其中一部分的原因是蓋特納的計畫內容十分模糊，因為相關細節還在持續修訂；另一個原因則是蓋特納的演說並無法提升市場的信心，巴尼．法蘭克說，蓋特納聽起來就像舉行成年禮的猶太小男孩。市場也非常失望於蓋特納並未確定四處謠傳的消息，認為政府將會以高價收購問題資產。無論如何，財政部或聯準會都無法處理市場對蓋特納演講的不良反應，只能盡快設計新的計畫，希望新計畫可安撫市場。在新計畫準備好以及銀行壓力測試完成前，金融體系只能繼續留在令人沮喪的地獄邊境狀態。我們只能希望在市場看見政府的相關結果之前不要崩潰——或者說，希望市場看見政府的相關結果之後，也不要崩潰。

在同一時間，關於國有化以及估值折扣的傳聞依然甚囂塵上，只要出現新的傳聞或者走漏消息，我們就能感受到市場的騷動。2009 年 3 月，歐巴馬召集經濟團隊成員，討論蓋特納已經在媒體上宣布的計畫，因為似乎沒有任何一位團隊成員喜歡蓋特納的處理方法。但是，也沒有任何一個人可仔細提出能夠運行的替代計畫，能夠在將銀行國有化的同時，又不會引發市場恐慌或耗盡「問題資產紓困計畫」方案的資金。正如蓋特納的說法：「任何計畫都勝過沒有計畫。」歐巴馬最後同意，相較於設計更為激進的新方案，支持並配合既有的金融體系穩定計畫更合理，雖然歐巴馬的支持群眾希望新政府能大刀闊斧地揮別小布希年代的政策。壓力測試的潛在缺點非常明顯：沒有任何方法，保證壓力測試的答案可讓市場恢復冷靜。但是，強迫金融市場做好準備以面對經濟大衰退程度的嚴重事件，確實可以合理降低事件發生的機率；壓力測試的結果，也有助明確區分在根基上非常健康的銀行及已經病入膏肓的銀行。

任一個單一行動，都不足以解除危機

一切都取決於壓力測試的結果。有些懷疑論者認為結果會造假，聯準會將讓各家銀行接受溫和假設情況的檢驗，藉此得出乾淨又健康的結果。但是，我們都知道如果壓力測試無法令人信服，無論結果如何，市場將會維持最糟的假設。聯準會實際採用的假設條件非常嚴苛，貸款損失的程度甚至比經濟大蕭條時代更為嚴重，房價的下跌幅度也比2009年的實際情況更為惡劣。蓋特納的財政部同仁也提出一個關鍵的修正計畫，藉此控制市場在等待期間的不安：如果在壓力測試結果完成前，接受測試的銀行股價下跌，財政部依然會依照2009年2月的標準，以固定價格收購資本不足銀行的股份。蓋特納的財政部員工將這個條件取名為「提供賣權的蓋特納」（Geithner Put），藉此減少投資人在聯準會仔細查閱各家銀行帳簿時的擠兌動機。

等待結果的期間令人煎熬。花旗集團再度陷入困境，財政部必須和花旗集團的私人股東達成複雜協議，才能夠在並未國有化的情況下，提高花旗集團的資金緩衝空間。美國國際集團再度需要「問題資產紓困計畫」方案提供的續命資金，這次的金額是300億美元——而且時機就在美國國際集團宣布即將用納稅人提供的資金，向特定員工支付奢侈的分紅之前，引發金融危機時期最激烈的群眾不滿。政府民間合作投資計畫原本即將執行，開始購買各家金融機構的問題資產，但卻被抨擊為是為了私人投資人而浪費公帑的醜聞，雖然這個計畫最後替納稅人創造適度的收益。同時，總體經濟的情況依然不良，2009年4月底的失業率提高至8.9%，但經濟衰退的速度已經趨緩。

2009年5月，聯準會公布壓力測試結果，比許多市場專家的預期更好。聯準會認為，在19家最大型的金融公司中，已經有9家公司擁有足夠的資金，能夠承受壓力測試所設定的最嚴格情況，其他10家金融公司總計只需要額外的750億美元資金。聯準會公布最關鍵的數據，向市場大眾解釋如何提出以上結論，而市場認為聯準會的結論可信。金融機構違約保險的成本迅速調降，投資銀行再度贏得市場的信心。在1個月之內，原本資金不足的金融公司，幾乎已獲得通過壓力測試必要條件的所有資金。唯一沒有辦法獨立完成募資的公司，只有通用汽車金融服務公司（General Motors Acceptance Corporation），因此財政部從「問題資產紓困計畫」中，調撥相對適度的金額填補通用汽車金融服務公司之缺口。到最後，即使是通用汽車金融服務公司——也就是現在的艾利銀行（Ally Bank）——都讓財政部獲得24億美元的收入。2009年4月時，國際貨幣基金組織依然預測美國聯邦政府必須花費2兆美元才能拯救美國銀行系統，但是「問題資產紓困計畫」向銀行及保險公司提供的資金挹注計畫，最後替財政部帶來500億美元利潤。整體而言，我們當時推動的金融介入措施，創造了更龐大的財務回報；此外，金融體系可順利運作而不是陷入崩潰，甚至還有更巨大的經濟益處。

從某種層面上來說，壓力測試的結果代表20個月以來的金融危機折磨，突然進入尾聲，終於能夠說服市場相信，不會再有第二個雷曼兄弟事件。然而，壓力測試並不是終結金融危機的魔法，而是一系列漫長介入措施的頂點，讓我們有機會終結金融危機。聯準會的大範圍貸款和資產流動計畫援助貝爾斯登、房利美、房地美以及美國國際集團，財政部擔保貨幣市場基金、聯邦存款保險公司擔保銀行債務以及「問題資產紓困計畫」初次向銀行挹注資金，都是撲滅金融大火的必要條件，上述任一個單一行動都不足以解除危機。如果沒有以上所有的介入干預措施——特別是「問題資產紓困計畫」挹注在銀行系統的數千億美元資金，加上我們從危機一開始就向各家銀行施壓，要求提高私人投資資金——壓力測試的結果對於市場的安撫效果將會大幅縮小，而納稅人必須付出的代價則大幅提高。

更重要的是，如果所有修復金融體系的激進措施，沒有獲得同樣激進的經濟復甦行動支持，各種激烈創新策略在哥倫布日前後獲得的成果，將會遭到浪費與磨耗。最後，美國政府證明他們傾盡所有力量足以撲滅金融大火，但幾乎是千鈞一髮；只要少了一個環節，就不足以解決問題。

量化寬鬆

正如無法修復的金融崩潰會把經濟系統拖入深淵，漫長的經濟自由落體墜落也會導致金融體系崩解。我們的金融介入措施成功的唯一條件，就是必須配合在2009年初期推行的激烈經濟需求刺激方案——聯準會採用更勇敢的貨幣政策、歐巴馬和國會推行史無前例的財政刺激方案與瑕不掩瑜的實質房市復甦計畫以幫助脆弱的住家持有人。我們使用自身可以操作的所有金融和經濟武器，最後恢復了系統正常運作。由於所有工具一起交互運作，也獲得了更強的力量。

柏南克曾在2002年一次充滿爭議性的演講中主張，即使面對0利率下限，中央銀行在傳統上已經沒有任何經濟方法時，他願意使用非傳統的途徑以對抗通貨緊縮與經濟衰退壓力。到了2009年，經濟體系急需幫助，在3月初，聯準會執行一項非常激進的貨幣刺激實驗策略，也就是後續外界所知道的「量化寬鬆」(Quantitative Easing，QE)。聯準會購入房貸抵押擔保證券以及國庫債券，藉此降低市場的長期利率並且對抗2008年的經濟大衰退。聯準會在第一輪的量化寬鬆政策(QE1)支出了1.75兆美元，並發出提振市場信心的訊息：聯準會絕對不會袖手旁觀，任憑經濟停滯。柏南克和同仁會在2010年及2012年宣布執行第二輪及第三輪的量化寬鬆策略，最後將聯準會的資產損益表擴增至4.5兆美元，將近危機前高峰的五倍。大量的學術研究已經發現，量化寬鬆政策和緩了國庫債券以及房貸的長期利率，協助經濟復甦；聯準會的量化寬鬆策略也鼓勵其他國家的中央銀行採用相似計畫，協助促進全球經濟成長。

除了聯準會的貨幣政策行動之外，歐巴馬政府也藉由2009年的美國復甦與再投資法案向大眾挹注財政刺激。該法案的範疇龐大，包括3000億美元的暫時減稅加上價值5000

億美元的聯邦支出——向經濟大衰退的受害者提供紓困；規畫公共設施需求，藉此增加工作機會同時升級國內建設；直接向各州提供紓困，讓州政府不需提高利率、減少預算支出，避免經濟大衰退更嚴重。國會中的共和黨議員幾乎一致反對歐巴馬的法案內容，並且抨擊歐巴馬已經開始失控地浪費預算，但大多數立場獨立的經濟學家都同意復甦法案有助增進美國民眾的工作機會、刺激經濟成長，並且在2009年7月時終結大衰退。許多州政府與地方政府——大多數都要符合預算支出平衡的要求——藉由增稅、裁員以及縮減支出的方式，抵銷了復甦法案的效果，但這個法案確實協助美國國內經濟開始成長，反觀其他已開發經濟體則依然處於衰退階段。一般而言，政府必須量入為出，但是如果民間需求徹底瓦解，相較於採取緊縮策略減少更多需求，藉由激進的赤字支出讓經濟起死回生，在財政上是更負責任的處理方式。嚴重的衰退可能會導致數年的赤字；提出刺激法案會在短期內提高赤字，但可協助勞工再度獲得可繳納稅金的收入，企業也能再度得到可繳納稅金的利潤並減少長期赤字。

美國還有足夠的負擔能力，美國的經濟也還需要更強力的刺激方案，參議院有60名議員支持8000億美元的紓困方案，但任何高於這個金額的法案都無法獲得國會的絕對優勢[2]支持。國會中的民主黨議員確實默默地支持超過十多項溫和的刺激經濟方案，包括減少薪資稅、擴張失業補助計畫並且向各州政府提供更多援助，最後向美國經濟體系送出6570億美元的補助。歐巴馬政府也將更多「問題資產紓困計畫」的資金送入另一個激進且高度具爭議性的汽車產業紓困計畫，強迫通用汽車和克萊斯勒轉為政府接管，作為長久以來尚未執行的公司重組之序曲。整體而言，汽車產業從「問題資產紓困計畫」接受了超過800億美元的資金，但最後納稅人付出的金錢總額只有93億美元，考慮到這筆資金的用途是拯救美國的關鍵製造部門，其實這筆金額不高。從2008年至2012年間，聯邦的財政擴增（包括自動反景氣循環的穩定因子以及權衡振興政策）大約是每年國內生產毛額的3.4%。減稅以及聯邦政府移轉金額，也發揮了充分影響力，幾乎完全抵銷收入為社會上後40%的家庭所承受的經濟衰退。

蓋特納與他的同仁也在歐巴馬的新政府中執行一系列的

2　譯註：絕對優勢（Filibuster-proof）的字面意思是「免於受到冗長演說」，在美國的議會政治中，為了阻止法案，處於劣勢的議員可藉由發表冗長的演說以妨礙立法過程。美國參議院在1975年中設置了一項新措施，只要有五分之三的參議員同意，就能夠限制議員的發言時間，也被解讀為參議院的絕對優勢。參議員一共有100位，五分之三為60位，因此60位議員的支持，就是可避免冗長演說妨礙的絕對優勢。絕對優勢的唯一例外是修改與參議院有關的法規時，必須獲得三分之二的出席議員支持，方能防止其他議員發表冗長演說。

新計畫以振興房市，讓房利美和房地美重新獲得資金，配合聯準會的行動，降低房貸利率。在復甦法案順利執行的隔天，歐巴馬總統揭露新的房市振興策略，其中包括「家庭可負擔再融資計畫」(Home Affordable Refinance Program，HARP)，協助「淹水屋」的住家持有人可重新申請房貸融資，即使他們目前的資產額度大於房屋價值，以及「家庭可負擔換約計畫」(Home Affordable Modification Program，HAMP)，協助無法準時償還房貸的家庭可修訂月繳房貸額度。鮑爾森和布希政府曾經推行過幾項私部門的房貸修正計畫，但影響範圍受限於意願以及無法取得聯邦融資。歐巴馬的政策獲得「問題資產紓困計畫」的協助，可被視為顯著的政策升級——甚至讓「全國廣播公司商業頻道」(CNBC)的名財經評論員瑞克．桑特利(Rick Santelli)在節目上提出非常知名的抗議，呼籲新成立的反政府組織茶黨(Tea Party)必須抗議政府的紓困方案讓不勞而獲的住家持有人享受利益。但是，進步左派人士的感受和上述的保守派一樣強烈，進步左派人士認為政府對於法拍危機的處理又慢又弱，簡直就是背叛普羅大眾。

解決房市危機，不一定能解決經濟危機

以上的振興房市方案推行時，進度緩慢且令人失望。雖然家庭可負擔再融資計畫的起步很緩慢，最後依然順利協助

了超過300萬名住家持有人順利重新申請房貸融資，並且有將近2500萬美元的房屋貸款金額獲得低利率的融資，不需政府的額外協助。

家庭可負擔換約計畫則是文書行政團隊的惡夢，因為這個計畫的運作必須仰賴功能不健全的貸款服務產業，他們經常遺失文件、沒有準確回電給客戶、經常用各種理由搪塞借款人。蓋特納的財政部團隊原本想要從零開始建立新型服務機制，但他們判斷時間不足，而各家銀行不願投資判斷換約及迅速完成服務交易的必要措施。家庭可負擔換約計畫也有繁重的配合義務與條件嚴格的規則，藉此避免詐欺，導致原本就已經非常冗長的審核過程更是陷入停滯，讓各家銀行在寧願沒有家庭可負擔換約計畫補助的情況下，私下重新安排數百萬個房貸案件，也不想面對政府的繁文縟節。歐巴馬原本的目標是300萬至400萬個房貸案件可重新換約，家庭可負擔換約計畫只達到一小部分，但政府和私部門企業最後的換約人數超過800萬名房屋持有人。

家庭可負擔再融資計畫及家庭可負擔換約計畫的掙扎，也讓許多觀察家相信政府的房市策略失敗了。聯邦政府對於房市最有影響力的行動，是向房利美和房地美提供4000億美元的續命資金——在私人資本放棄房貸領域後，保持房貸領域的流動。聯準會激進地購買房貸抵押擔保債券，保持房貸低利並減輕再融資的難度。在不動產市場崩潰以及嚴重的經濟衰退後，想要設計減少房屋被法拍的經濟計畫更為困難。與房貸有關的政治局勢變化萬千，我們也沒有輕鬆的方法可設計準確的計畫，能夠協助在財務上陷入困境的家庭可繼續住在自己的房子，而不會浪費金錢在根本不需要協助或即使獲得政府協助也無法保住房子的人。

許多住屋社運人士希望的處理方法是「本金減值」（Principal Reduction）計畫，減少淹水屋持有人積欠的房貸金額。但是，聯邦政府沒有辦法強迫銀行放棄他們擁有的房貸債權，就算向銀行提供金錢補助，提高他們自願放棄債權的動機，也只是非常沒有效率的納稅金錢使用方式。《布魯金經濟活動論文》（*Brookings Papers on Economic Activity*）在2014年的一篇研究指出，如果聯邦政府當時支出額外的7000億美元，消除美國房地產市場中所有的負資產，對於廣義經濟體系的影響微乎其微，個人消費提高的程度低於0.2%，必須支付大約150萬美元，才能保住一個就業機會。相較之下，「問題資產紓困計畫」在汽車產業中只需支付14000美元，就可以拯救一個工作機會。歐巴馬政府確實曾經催促美國聯邦住宅金融局向房利美和房地美要求針對特定目標進行「本金減值」，但作為獨立機構，房利美和房地美拒絕了。事實證明，更有效率的方法不是減少房貸本金，而是按月繳納的金額，也是大多數私人貸款和公共貸款重新訂約時採取的途徑。

聯邦政府對於房市大跌的回應措施，如果依照穩定房市以及整體的房貸市場而言，確實是成功的。如果沒有國有化房利美與房地美，或者聯準會和財政部購買房貸抵押擔保證券，房價將會更加劇烈地下跌，除了原本的受害者之外，還會有額外的數百萬名美國人失去住家，經濟衰退的情況將更嚴重。原本用來協助住家持有人重新取得融資或重新制定房貸合約的計畫，影響範圍也超過數百萬人，但是相關計畫的起步緩慢，而且範圍有限。國會永遠不會熱衷於追求採用更激烈、強力的房市策略，而蓋特納與歐巴馬政府的其他成員也相信，將額外的經費用於照顧失業福利、建設計畫、減少工資稅以及協助各個州政府，能讓每1美元發揮更大的經濟影響力——同時幾乎不會引發關於公平性的爭論——勝過於為了專注處理房市而提出一系列的新計畫。解決經濟危機，是解決房市危機的必要條件；但解決房市危機，不一定能解決經濟危機。到最後，最成功的房市復甦計畫，可能就是長久且穩定的經濟復甦。在2008年至2009年的經濟大衰退結束之後，房價趨於穩定，總額高達數兆美元的不動產負資產逐漸消失，數百萬名淹水屋的持有人終於浮出水面。

更好的經濟體系，幾乎可讓所有事情變得更好。在2009年，美國汽車銷售量跌落至只有1000萬輛，到了2015年時終於回到金融危機之前的水準，售出1700萬輛。消費和商務的信貸停滯大多已結束，雖然銀行依然害怕向潛在購屋人提供符合我們預期時間長度的貸款。失業率從2009年晚期的10%高峰迅速降低，在我們寫作本書時，美國的失業率為3.7%。美國的經濟體系則是從2009年早期在一季之間失去超過200萬個工作機會，變成在77個月間增加大約1900萬個工作機會。企業的利潤迅速恢復，雖然比工資的恢復速度更快，但兒童貧困的比例達到歷史新低點。相較於2008年受金融危機影響的其他國家，或在歷史危機中的其他復甦紀錄，美國在這次危機中的衰退情況更不嚴重，而且更快開始復甦。雖然美國經濟的復甦強度無法符合大多數人的期望，但始終非常穩定。

然而，2008年的金融危機造成的巨大痛楚，也經常被錯誤地指責為不平等日漸嚴重、工資停滯以及其他經濟問題的原因；但是，早在景氣繁榮標示了問題的重要性之前，相關問題早已有著數十年的淵源。2008年的金融危機確實是數百萬人遭到裁員、數百萬人必須將房子交付法拍以及帶給數百戶家庭揮之不去的傷痛之起因。我們只希望自己當初可以更快地撲滅這場金融大火，不過，我們也非常感恩美國能夠避免發生與1930年代經濟大蕭條相匹敵的災禍。

Conclusion

The Fire Next Time

終章
下一次的金融大火

我們3人，加上我們所有經驗豐富的同僚，沒有任何一人曾親身經歷過如此可怕的金融危機。儘管柏南克具備1930年代經濟大蕭條的專業知識、鮑爾森對金融市場有著敏銳的直覺，蓋特納則是擁有處理外國金融危機的經驗，但是我們3人完全不知道何種方法可以成功，哪些措施會造成反彈，也不清楚市場能夠承受的壓力程度。我們沒有標準作業手冊可以查詢，對於最好的處理方法，也無法尋求專業人士的共識。我們只能在迷霧之中探索出可行走的道路，有時候改變策略、有時候改變想法，對於結果只能懷抱著巨大的不安。我們完成的許多行動，從表面上看來，就像是在獎勵一開始將全世界拖入金融危機的金融產業。

因此，我們可以理解評論家提出的警告，認為我們正在創造舞台，準備迎接美元的擠兌、辛巴威式的惡性通貨膨脹、希臘式的債務危機、花費數億美元的紓困經費、由殭屍銀行主導的日本式銀行系統，甚至是美國自由市場資本主義之死。然而上述的擔憂無一發生——而且不是因為我們做出種種選擇之後，運氣好所以沒有發生。我們深信，是我們的選擇，避免了上述所有問題的發生。我們確實幸運，因為國會最後同意讓我們獲得更大的權力，可執行更強力有效的應對方式——或許，在某些層面而言，我們繳出的成績是一種幸運。但是經過10年後，我們反思美國以及其他國家在2008年金融危機期間發生的種種，我們相信，有鑑於當時面臨的限制與極端的不安壟罩，美國當初採取的策略，藉由我們的協助構思，確實發揮了我們所期待的效果。2008年金融危機的壓力，從某些層面而言——包括股市重挫、房價下跌以及生產力減少和就業機會消失——甚至比1930年代經濟大蕭條的早期階段更加嚴重，但是美國政府在2008年金融危機中成功阻止恐慌、穩定金融體系、復甦信貸市場，並且促成持續迄今的經濟復甦。相較於前幾次嚴重金融危機的復甦以及其他先進經濟體在2008年金融危機後的復甦，美國這次的表現更為優秀。

雖然我們確實不讓情況變得惡化，但2008年金融危機依然造成非比尋常的傷害，對美國和全世界來說都是如此。數百萬名美國人失去工作、事業、存款以及住家。2008年的其中一個關鍵教訓，就是即使政府提出相對激進的回應措施、金融體系擁有堅強實力，加上美國的信譽，金融危機依然可以造成嚴重傷害。處理金融危機的最好策略，很簡單，就是：不要發生金融危機。而將金融危機的傷害控制在一定程度的最好方法，則是當金融危機出現時，確保危機管理者擁有足夠工具，在火勢無法控制前，就可撲滅大火。

不幸的是，金融危機是永遠無法完全避免的，因為金融危機是人類情感與認知，加上身為人類的管制者和政策制定者發生失誤時的產物。金融取決於信心，而信心永遠都是脆弱的。雖然限制華爾街採用過度的金融槓桿以及高風險投資很重要，但是一般而言，槓桿和高風險投資都反應了社會整體的過度樂觀。管制者和政策制定者無法避免社會的瘋狂。人類不只是會過度樂觀看待繁榮的市場，也會過度悲觀看待衰退。瘋狂和恐懼，似乎都有傳染性。

然而，以上論述不代表我們認為應該採取被動姿態或毫無作為，等待著危機發生。雖然沒有可以一勞永逸消滅金融危機的銀色子彈，但是政府官員可藉由採取諸多行動，減少金融體系發生危機的脆弱程度，降低危機發生的頻率以及危機失控的可能性。在2008年的金融大火發生時，美國政府還沒有準備好，這也解釋了為什麼2008年金融大火的火勢會如此猛烈、控制火勢的相關措施則如此紊亂，甚至政府的應對措施是如此地不受群眾歡迎。更好的準備，就能夠創造出更好的結果。如果金融管制系統並非如此四分五裂，擁有更好的能力處理商業銀行體系之外的風險，且危機處理人從一開始就擁有足夠權力，可以使用強大的武器避免金融崩潰；倘若美國一開始就具有足夠的機制，確保金融體系能夠自行援助，那麼就能減少火勢的強度，於是對抗金融大火也不會成為一場如此舉止失措且令人質疑為了搶救反而導致不公平情事發生的戰鬥。

10年後的關鍵問題，是美國現在是否已經有更好的準備。我們相信，答案應該是：是與不是。美國現在有更好的防護措施，能夠在一開始就避免恐慌發生——在金融層面上，代表更激進的防火措施以及更好的防火建築與法規。但是，一旦發生規模巨大的金融危機，政府官員的緊急處理權力，在許多層面而言，都比2007年時更顯薄弱。在金融層面上，代表抗火鬥士的裝備更弱，且消防隊已經停止運作；政府採用貨幣和財政刺激政策應對經濟需求崩潰的能力——稱為「凱因斯學派途徑」（Keynesian Arsenal），也被顯著地削弱了。簡言之，美國現在的經濟和金融體系更不容易發生中型火災，但是雖然已經擁有更新且升級的防火法規，可是一旦大火發生，美國卻更容易淪為煉獄。我們可以用另一個方式來比喻：政策制定者為了應付公衛疾病，決定提高民眾免疫力、提倡更好的營養攝取，並且鼓勵民眾每年接受檢查，但卻關閉急診室並且將可拯救生命的手術視為一種違法行為。

更好的防禦機制

我們確實值得在此重新概述為什麼2008年以前的金融體系如此危險，闡明如何在現代追求更安全的金融體系。最基礎的問題依然是太多高風險的金融槓桿、太多會遭到擠兌的短期融資以及太多高風險的投資移轉至影子銀行，他們可以忽略管制單位，而且無法使用聯準會的安全網機制。太多大型金融公司規模過大，彼此牽連程度過深，根本不能倒閉，否則就會威脅到金融體系的穩定性；加上晦澀難懂的房貸擔保抵押衍生性金融商品市場過度膨脹發展，讓健康的房市成為恐慌的潛在傳染源。同時，美國的管制官僚系統四分五裂且老舊，沒有任何一個單位負責監控與處理金融體系的風險。

沒有人可以準確地知道下一次金融危機的情況，但是，從歷史角度而言，金融危機都依循相似途徑：承擔過多的高風險與槓桿，進入「狂熱—恐慌—崩盤」的模式。在2008年的金融危機之後，柏南克和蓋特納認為最重要的安全機制，是嚴格限制高風險公司獲得的融資借款金額。因此，金融公司必須保留更多能夠吸收損失的資金——蓋特納的箴言是：「資金、資金，與資金。」——並減少槓桿，因為槓桿是資金的反面。同時，資產流動性的要求必須提高，強迫借款人保留更多現金與其他可流動資產，減少對短期融資的依賴，因為短期融資可能會在第一個問題跡象出現時遭到擠兌。最大型的金融公司如果違約，無法履行債務，將會造成最嚴重的危機，因此必須接受更嚴格的風險承擔和融資限制。最重要的是，新的規則必須更廣泛地應用在金融體系之中，不只是在美國國內，也要擴展至全球，並且有足夠彈性延伸至未來，避免規則外的風險藉由最沒有辦法管制的途徑進入金融體系。

歐巴馬政府與聯準會努力達成以上目標，他們與國會協商，在美國國內推動《陶德—法蘭克華爾街改革法案》（Dodd-Frank Wall Street Reform）以及2010年的《消費者保護法》（Consumer Protection Act），並且領導全球共同努力在規模最大的數個經濟體中，推行更嚴格的風險承擔限制。在各個地區，歐巴馬政府的協商創造了更加健全穩固的防禦機制，對抗潛在的金融危機。《巴塞爾協議III》（Basel III）制定的全球管制系統，將銀行的最低資本需求提高三倍，最大型銀行的資本需求則是提高四倍，同時要求銀行必須提供品質更好的資本，能夠確實吸收損失，確保全球金融體系擁有更良好的震盪吸收機制。聯準會針對美國國內銀行制定的規則更嚴格。全球金融體系的資產流動性需求也增強了，減少金融機構依賴不穩定的隔夜融資。在2008年的金融危機之前，並未獲得保險的短期負債比例大約是金融體系資產的三分之一；時至今日，只有六分之一。附買回協議市場大幅縮小，附買回協議融資購買的資產也更為安全。在附買回協議中，風險最高的「當日信貸交易」（Intraday Credit），與2008年金融危機的高峰相比，也減少了90%。

不只金融機構的承擔風險限制變得更嚴格，相關規定的適用範圍也更廣泛，不再只是傳統的商業銀行，也能夠用於券商以及其他曾在管制領域之外營業的非銀行機構。在2008年金融危機之前，金融槓桿受到嚴格限制的公司，持有的相關資產在金融體系的比例只有42%，現在這個數字已提高至

88%。金融改革甚至處理了金融商品、融資市場以及個人經營的金融公司。舉例而言，《陶德—法蘭克華爾街改革法案》規定大多數金融商品必須在公開市場交易，而不是私下協商，以降低市場因特定機構暴露在特定風險的不安，再度引發恐慌的機率。改革法案也針對衍生性金融商品交易、附買回協議借款以及借券交易，限制更為嚴格的保證金規範，用另一種方式防止金融公司進行過度投機交易。美國市場的每日平均借券交易金額也從2008年的2.5兆降低至2015年的1兆。在2008年的金融危機中，造成貝爾斯登以及花旗集團等金融機構問題的幾種高風險融資工具也遭到根除，不再出現。

大，不見得永遠都是壞事

2008年金融危機之後的改革，也想減少導致經濟不穩定的大型銀行破產風險。最大型的幾家銀行必須符合「系統附加」條件，相較於小型金融機構，根據一定的風險評估，大型銀行要保留更多資本，減少採用金融槓桿，並且增加面對損失的資金緩衝。《陶德—法蘭克華爾街改革法案》的內容包括合併排除條款，如果其中一家銀行在金融體系中的負債比例超過10%，就不得進行合併，讓聯準會有權力拆除他們判斷對金融體系穩定性具有嚴重威脅的銀行；法條也要求聯準會針對大型銀行進行年度壓力測試，確保大型銀行可應付最嚴重的經濟和金融困境。2018年，國會達成兩黨協議，將金融機構自動接受年度壓力測試的標準從500億美元資產提高至2500億美元資產，但是聯準會依然有權測試可能對金融體系造成威脅的任何一家公司。隨著時間流逝，人們的記憶逐漸褪色，市場必定產生一股壓力，想要推動更和緩的管制政策，但是我們絕對不能重新創造2008年金融危機之前的系統弱點。迄今為止，《陶德—法蘭克華爾街改革法案》所有的核心改革依然存在，但有些經濟評論家已經開始抨擊改革法案的範圍過大，妨礙金融體系，因為金融體系已經證明其強健程度足以支撐穩定的經濟成長。

另一些評論者則是批評《陶德—法蘭克華爾街改革法案》過於追求保持現狀，而不是立刻拆散大型銀行並恢復經濟大蕭條年代採用的《格拉斯—斯蒂格爾法案》(Glass-Steagall Act)，更嚴格地區分商業銀行及更投機的投資銀行。想要通過如此激進的措施，我們必須在國會付出相當程度的努力，但我們並非因此不願採取相關方案。我們只是不認為《格拉斯—斯蒂格爾法案》可處理金融危機之根源或限制未來金融危機發生的風險。因為貝爾斯登、雷曼兄弟、房利美、房地美以及美國國際集團都是不會受到《格拉斯—斯蒂格爾法案》影響的非傳統銀行機構，雖然美聯銀行和華盛頓互惠銀行是傳統銀行，但他們陷入危機的原因很傳統：不良借款。金融機構的「大」，不見得永遠都是壞事，如果摩根大通、美國銀行以及富國銀行集團沒有足夠規模能在貝爾斯登、華盛頓互惠銀行、全國金融、美林及美聯銀行破產前，併購相較之下規模較小的機構，那麼2008年的金融危機之影響將會更慘烈。金融機構的「小」，也不見得永遠都是好事，相對規模較小的銀行連續崩潰破產招致1930年代的經濟大蕭條。無論如何，美國最大型的幾家銀行在《陶德—法蘭克華爾街改革法案》之下，前8年都在壓力測試中繳出良好表現成績。2018年，聯準會的報告認為，美國最大型的幾家銀行現在如果面對全球經濟衰退，可承受比2007年至2009年之間更慘烈的損失，也有更多的資金空間，甚至比他們在2008年金融危機之前的繁榮時期更優秀。2014年時，美國政府問責署（Government Accountability Office）完成一項報告，由國會中對於金融改革政策抱持批判態度的議員負責調查，他們認為這次的報告將會證明金融機構「大到不能倒」的問題比以前更嚴重，但他們發現即使最大型的銀行也無法獲得比小型銀行更低的借款利率，這個跡象顯示市場已不再如此堅信過於大型的銀行不能倒閉。

我們當然樂見美國政府重建更多符合傳統風格的金融管制系統，這是鮑爾森金融改革計畫原始藍圖的關鍵要素，聯準會負責監督金融體系的風險，目前多餘的管制機構合併加強，創造更穩定一致的監督表現與責任。但是，此事攸關各機構的政治地盤，而政治地盤之爭將令人灰心喪志，這更像是個人之間的鬥爭，而不是為了完成必要目標。聯準會在2008年的金融危機之後承受嚴重的抨擊，國會已沒有興趣讓聯準會獲得更強大的權力。《陶德—法蘭克華爾街改革法案》要求相關管理機構成立金融穩定監督委員會（Financial Stability Oversight Council，FSOC），由財政部長領導，至少是一個確實存在的政府機構，但是依然沒有一個機構負責評估且限制金融體系風險。金融穩定監督委員會有權採取行動，將委員會察覺的風險最小化，其中包括指定任何一家金融機構為「具備系統重要性」，必須受到聯準會更嚴格的督導審查。《陶德—法蘭克華爾街改革法案》也採取試探性的組織重組措施，廢除美國財政部儲貸機構監理局，也就是全國金融公司、華盛頓互惠銀行及美國國際集團長久以來的主管機關。然而，美國聯邦政府組織中的其他機構依然繼續存在。蓋特納一開始希望合併證券交易市場的看守者：美國證券管理委員會，與衍生性金融商品市場的督導人：商品期貨交易委員會。但是，國會中負責監督兩個機構的委員會卻為此發生嚴重的政治地盤戰爭，導致蓋特納的想法在政治場域上胎死腹中。

如果泡沫容易辨識，就好了

《陶德—法蘭克華爾街改革法案》甚至在已非常擁擠的聯邦組織架構圖中增加一個新機構：消費者金融保護局

（Consumer Financial Protection Bureau），整合其他所有管理機構的消費者保護部門，成為一個強而有力的新任警察，負責在金融領域巡邏。創造一站式服務的消費者保護機構很合理，因為消費者保護在政府機構中經常因其他優先事項而遭致忽略。積極處理消費者信貸市場中的詐騙行為，除了能協助美國民眾更妥善地保護自己的金錢，也可促進市場穩定性，方法就是嚴格取締有瑕疵的核保以及造成房貸市場眾多問題的其他掠奪行為。

以上的金融改革措施應該可以減少金融危機發生的頻率。新的規則已經開始強迫金融機構，特別是更大型的金融機構，必須持有更多且品質更高的資本，減少金融槓桿的累積量以及採用更安全的融資方法——壓力測試也確定金融機構已準備好對應惡劣的假設情況。衍生性金融商品市場現在已經不是荒野大西部，消費者保護措施獲得增強，也終於設立一個政府機構，負責監控衍生性金融商品對於整體金融市場的潛在威脅。

但是，更堅實的規則以及更嚴格的管制，永遠不能避免金融危機發生。即使管制機構警覺地發現充滿警告意味的訊號，特別是漫長的信貸繁榮，他們還是無法確定繁榮就代表市場陷入瘋狂，也不清楚瘋狂會不會轉變為恐慌。即使新的規則能夠用某種方式跟上金融市場的創新，也不能消除人性的弱點或從眾行為。因此，規則難以防堵每一次漫長的樂觀時期與志得意滿，因反應過度而轉變為一場信心危機。政策制定者必須謙卑地看待自己的能力，他們不見得永遠可以辨識並修正有傳染力的危險觀念，或避免危險的觀點成為恐懼的燃點。如果泡沫就像許多人所說的一樣容易辨識，那麼投資人根本不可能會陷入泡沫危機。

即便是堅強的資本緩衝，用最健全的防禦機制處理無法預期的逆境，都很有可能不足以防備全面擠兌情事。正如我們在2008年金融危機所見，資本緩衝能力可能看起來安全充足，直到某個瞬間突然崩潰。自從2008年金融危機爆發後，美國各銀行募集的私人資金已足以吸收他們的損失，這是一個非常良好的安全機制，但是如果華盛頓當局的貨幣或財政刺激政策無法替經濟體系止血，那他們的損失將會更嚴重。由於離2008年的創傷已經愈來愈遙遠，漫長的穩定時期可能導致市場再度自滿，政策制定者或許會受到誘導，想要減輕金融危機之後對於風險承擔的限制，於是市場再次認為自己可以從不會受到嚴格審查的領域獲得大量的期限轉換融資。我們必須記得在2008年金融危機之前，有多少槓桿化的金融風險從銀行移出，即使當時銀行的法定資本需求更低。現在市場尋找管制套利（Regulatory Arbitrage）新契機的動機是更加強烈，且管制的能力已開始落後於發展趨勢。

我們確實可以想像這個世界會更善於預測金融震盪並搶得先機。各國中央銀行和國際機構都已經在金融穩定機構身上投資大量資金，想要藉由「大數據」呈現「熱圖」，藉此辨識危險跡象，我們由衷希望他們成功。但是，我們認為高科技的監控技術以及審慎的督導，都無法完全保護金融體系免於受人類的想像以及記憶的限制所造成的失敗，因為人性就是如此。威脅終究會遭到忽視，危機也終將出現。正如紐約聯邦準備銀行的高級官員梅格．麥克康奈爾（Meg McConnell）所說，我們用了許多時間尋找系統的風險，但答案經常都是：我們自己。因此，政府的金融危機應對人員需要一張安全網，比起2008年的金融危機，我們擔心美國政府現在的安全網更是千瘡百孔。

更弱的緊急應變能力

2008年金融危機的發生是一段複雜的故事，攸關高風險金融槓桿、被擠兌的融資、影子銀行、失控的資產證券化以及過時的管制機制。但是，金融危機為什麼會變得如此可怕則是一段相對簡單的故事，因為我們只能使用弱小及老舊的緊急應對工具。

蓋特納在2003年從紐約聯邦準備銀行開始自己的職業生涯時，閱讀了聯邦準備銀行「末日處理手冊」（Doomsday Book）描述在緊急時刻打掉重練的權力，但蓋特納並未對此留下良好印象。柏南克在2006年擔任聯準會主席時也有同樣感受，他要求舉行關於危機應對工具的彙報。聯準會有廣義的權力可為穩固的擔保品提供貸款，但只能在訴諸第13條第3款的緊急權力時，才能讓非銀行機構獲得貸款。但即便可訴諸緊急權力，聯準會也只能在潛在借款人幾乎沒有退路或已經沒有退路時，才能提供貸款。聯準會的權力受束縛程度著實令人驚訝，舉例而言，購買資產的權力僅限於國庫債券以及房利美和房地美擔保的低風險證券，但其他國家的中央銀行則可以購買風險更高的證券，在某些情況下則是能夠購買股份。鮑爾森擔任財政部長後才發現，財政部實際上沒有任何常設權力可以介入金融危機，這是一個嚴重問題，因為金融體系的危機不會逐漸消失。如果沒有政府的行動，採用主權信貸取代私人信貸，並且承擔市場無法承擔的損失，那麼將沒有任何方法能平息嚴重的市場恐慌。沒有任何私人金融機構，可以確保自己足以面對百年洪水。

在2008年金融危機期間，聯準會將最後貸款人計畫延伸至權限的極限，事實證明，聯準會的措施成為有效的工具，向欠缺現金的金融機構提供資產流動性，並且扶持了衰退的信貸市場。但是，傳統的貸款方式、甚至是非傳統的貸款方式，都沒有辦法在真正的系統危機時期，彷彿施展魔法一般恢復市場對有問題公司或有問題資產的信心。聯準會也用幾種有創意的方式重新詮釋自己的緊急貸款權力，避免貝爾斯登與美國國際集團陷入災難性的破產，但是最後一刻的紓困行動並不能恢復金融體系的信心，因為政府沒有方法向投資人和債權人保證其他大型金融公司不會面對相似的破產危機。華特・白芝浩已明確地說明為什麼中央銀行應該向能繼續營運的公司提供穩固擔保品貸款。2008年的金融危機，呈現了「白芝浩原則」(Bagehot' s doctrine)的限制。我們必須在金融危機的高峰期間前往國會，獲得我們讓陷入危機的公司進行資本重組時需要的權限；後來甚至必須花費漫長時間，規畫透明性政策，才能向市場保證沒有擠兌的理由。我們相信，如果我們一開始處理金融危機時，就能夠擁有上述權限，即使受到謹慎的限制和規定，我們依然可以採取更強力、更迅速以及更全面的行動，提出介入措施，協助金融體系恢復信心。但是，我們在2008年金融危機的大多數時間中，都只有更為受限的聯準會資產流動處理工具以及臨時決定的紓困計畫，讓我們在面對危機時無法確實完成目標。

2008年的金融危機結束之後，蓋特納和柏南克協助留下了我們用於穩定金融體系的新權力，並保留第一時間應對人員的額外權限，能夠在未來的金融危機出現時，用井然有序的方式減輕金融機構的系統危險性。歐巴馬政府也提議讓聯邦存款保險公司獲得更強大的擔保權力，藉此避免雷曼兄弟規模的倒閉破產發生機率，與減少聯準會必須針對單一金融機構，例如貝爾斯登或美國國際集團，提出一次性紓困援助計畫的可能性。但是，「問題資產紓困計畫」的期限已經結束，國會最後定案的《陶德—法蘭克華爾街改革計畫》縮減了政府對抗金融大火的工具，而非增加。在2008年金融危機中發揮極大效用的聯邦存款保險公司的擔保權限，已經被取消。聯準會訴諸第13條第3款的緊急權力——也就是向非銀行金融機構提供貸款的權力，也遭到修訂。聯準會得以保留在第13款第3條權力中向各種機構提供貸款的權力與支持重要融資市場的能力，正如聯準會曾向主要交易商（Primary Dealer，獲得聯準會批准，能夠在市場從事政府證券交易的金融機構）提供貸款，與承擔公司開立商業本票的紓困，但是自主斟酌判斷的權限以及紓困貸款的額度都減少了。舉例而言，國會限制聯準會判斷擔保品是否符合貸款標準的權限，在未來的金融危機中，美國的中央銀行更難接受高風險擔保品。如果任何措施和權限會被解讀為有助未來的紓困計畫，就不會得到任何政治上的支持。

把消防隊解散，無法避免火災

普遍而言，未來的金融危機處理者，他們採取行動的權限和彈性，都比我們更少。國會奪走了財政部使用交易穩定基金擔保的權力，即使這個權力曾經保護美國民眾的存款，在首要儲備基金打破百分之百償還比例、引發貨幣市場基金崩盤時，拯救眾多美國企業賴以維生的短期融資。國會也減少美國政府行政部門和聯準會共同承擔信貸風險的能力，而行政部門曾經藉由定期資產擔保證券貸款機制，支持消費者信貸市場。《陶德—法蘭克華爾街改革法案》甚至削弱了聯準會作為最後貸款人的能力。無論公開透明政策可以帶來何種好處，改革法案增加揭露條款，任何機構只要向聯準會申請緊急貸款，遭受汙名化的機率都會因而大幅增加，讓聯準會在未來的金融危機中，更難向金融體系挹注資產流動性。

《陶德—法蘭克華爾街改革法案》確實創造了一個重要的抗火工具：「有序清算制度」（Orderly Liquidatioin Authority），一種破產式的處理機制，用於處理即將破產的複合金融公司，讓危機處理者可以減輕問題，避免混亂的破產行為，正如聯邦存款保險公司曾經對於更為小型的純銀行的處理方式。我們在2008年金融危機中沒有此種能力——在雷曼兄弟即將破產的那個周末，更是混亂的起源。聯準會必須延伸自己的貸款權限，才能避免貝爾斯登銀行破產造成騷動，但我們的介入措施能夠成功，只是因為摩根大通銀行有能力擔保貝爾斯登的債務，如果我們無法為雷曼兄弟找到相似的買家時，就沒有任何資源可以提供協助。風險處理的目標不應是避免所有破產事件，而是在普遍的恐慌氛圍中，避免具備金融體系重要性的公司出現無法控制的破產情況。謹慎規畫的清理權限，可以成為避免混亂的優雅處事方式，同時確保沒有任何一家金融公司會陷入「大到不能倒」的處境。

直到實際使用之前，我們無法知道新的清理權限會有何種表現，但是我們3人對於新權限的前景並不看好。我們當然不希望無視新清理權限的重要性，還有具備金融體系重要性的公司在運作良好時提出的「生前遺囑」（Living Wills）計畫，協助政府能在金融災難出現時協助他們，也是一樣重要。但是，我們可以很公允地主張，相較於整體金融體系都處於陷入恐慌的邊緣時，新的清理權限機制在相對穩定的環境中，能夠更有效地處理雷曼兄弟規格的破產事件。整體而言，雖然美國現在避免恐慌出現的防衛機制，比起2008年金融危機之前更加健全，但當恐慌危機真的發生時，美國的緊急因應權限其實更薄弱。未來的危機處理者如果沒有前往國會獲得支持，就沒有挹注資金、擔保債務或購買資產的權力。同時，聯準會沒有拯救個別金融公司的權力，貸款能力也受到限制，而財政部亦失去使用交易穩定基金作為擔保的能力。以上的改變，都是為了追求避免政府提出紓困援助，這似乎是符合大眾所認可的目標。但是，避免政府紓困援助的更好方法，不是限制第一線的應對人員該如何應變，而是必須避免危機發生。風險終究會想盡辦法避開安全防衛機制，職是之故，危機處理人員更應該擁有應對巨大危機的權限。把消防隊解散，根本無法避免火災。

當然，一旦危機發生，國會確實有權力解除對於危機處理人員的限制。然而，在一個非內閣制的國家中，上述假設說起來簡單，做起來卻很困難，因為修法需要獲得總統、眾議院及參議院的絕對優勢支持。金融世界的抗火鬥士至少必須走上我們當初那條迂迴道路，花費許多時間、精力以及政治成本，才能獲得他們面對金融大火所需的消防車與水管，但到時火勢已經蔓延了，導致危機更嚴重，於是造成納稅人和經濟體系最終必須付出更多代價。看著現代美國嚴重兩極化的政治環境，我們很難相信在最需要的時候，兩黨可以形成共識，支持不受歡迎但卻必要的行動。

汝欲和平，必先備戰

雖然2008年金融危機以及後續的經濟衰退已經非常險峻，但如果聯準會、國會以及行政部門無法規畫執行大規模的貨幣及財政刺激政策阻止景氣緊縮並協助復甦，那麼情況將會更嚴重。2008年金融危機的另一個重要教訓，就是如果經濟崩潰，即使採用激進方法想要穩定金融體系，也將無法成功；如果金融體系崩潰，那麼復甦經濟的激進方法也不會成功。對抗金融危機和總體經濟策略必須相互合作，政府限制金融危機嚴重程度的能力，取決於政府在總體經濟的操作空間。

幸運的是，在2008年的金融危機之前，美國擁有良好的凱因斯經濟對策。聯準會有空間調降利率，採用其他具備擴張性的貨幣政策，而政府的其他部門也有預算承受擴張財政策略，例如減稅以及增加支出。時至今日，凱因斯經濟對策的空間看起來更受限，可能會成為處理嚴重金融危機的不利條件。雖然聯準會逐漸提高利率，應該可以補充在上一次金融危機期間使用的貨幣政策彈藥，華盛頓特區的政治部門卻在揮霍財政的彈藥，但他們應該要設法累積更多彈藥才對。

在貨幣政策層面，美國在2008年金融危機剛開始時，利率為5.25%，從歷史的標準來說很適度，距離0利率也有寬裕的調整空間——柏南克以前就曾經表示，如果聯邦基金已經受限於0利率下限，他願意採取非傳統的行動，支持搖搖欲墜的經濟體系。聯準會在金融危機發生前幾個月，可能稍嫌猶豫，但在2008年早期，聯準會比其他任何一個國家的中央銀行都更快地調整利率。聯準會在那年秋天最黑暗的日子中將利息調整至0利率下限，為了支持美國經濟復甦，相同的利率維持了7年。聯準會一共進行三輪的量化寬鬆政策，也提供足夠的經濟成長刺激，協助美國經濟平安度過一系列的負面事件，包括歐洲的主權債務危機，並未因此再度陷入衰退。聯準會購買房貸擔保抵押證券，也是復甦房市的關鍵。

柏南克在聯準會主席的繼任者先是珍妮特·葉倫（Janet Yellen），後來是傑洛姆·鮑威爾（Jerome Powell），在我們寫作本書之時，他們開始逐漸結算聯準會在量化寬鬆政策期間累積4.5兆美元的證券，緩慢將利率提高至超過2%。無論如何，即使貨幣政策已經恢復中性，主要的利率依然會比過去更低。倘若如此，當經濟體系出現問題時，聯準會沒有足夠空間執行降息政策，可能會對處理未來的金融危機或經濟衰退造成妨礙。

在財政政策方面，聯邦政府的赤字支出在上一次金融危機剛開始時，只占國內生產毛額1%。經濟大衰退開始之後，這個數字劇烈增高，但美國依然有充足的財政能力空間，可藉由提高短期赤字支出以支持經濟體系，不會破壞長期的預算。美國確實有能力。鮑爾森協商達成的1500億美元減稅、歐巴馬政府推動8000億美元的復甦法案，加上一系列較小型的後續財政刺激措施，總計超過國內生產毛額的10%。雖然聯邦政府的財政刺激政策被州政府及地方政府的預算刪減和增稅抵銷，但我們相信華盛頓特區也在景氣復甦開始後，迅速地採取簡樸修正，政府向經濟脈搏注射腎上腺素的動作有助結束景氣衰退，啟動漸進的復甦過程，並且避免金融體系瓦解。

在2008年金融危機期間，政府的赤字支出曾經膨脹至超過1兆美元，隨著緊急情況緩和，赤字也立刻大幅下降，金融援助紓困計畫的支出得到償還，經濟景氣反彈上升，國會也開始增稅並縮減支出成長。但是到了現在，美國的年度支出赤字再度超過1兆美元，因為大規模的減稅並未搭配限制支出。逐漸老邁的美國人口對於未來的權利義務增加了額外的限制，這不需太深度的專業知識也能明白，美國將會面對無法維持的長期赤字支出。聯邦政府的公債已經從2001年占國內生產毛額31%提高至現在的76%，光是利息，每年就必須支付超過3000億美元。如果下一次的金融危機或只是循環的經濟不景氣出現，政策制定者將會發現他們很難在政治上與經濟上提出與10年前相同的強力應對措施。換言之，作為緊急情況的腎上腺素，美國的財政措施將會在最被需要的時候受到限制。

美國必須經歷漫長的減少揮霍政策以及良好的經濟條件，才能讓總體經濟的實力恢復至能夠協助面對下一次緊急危機的水準。現在，即使輕微的經濟衰退都會讓華盛頓沒有採用財政政策應對金融危機的空間，以這個層面來說，華盛頓也無法進行國家建設、處理鴉片類藥物氾濫問題（Opioid Epidemic）[1]、氣候變遷、穩定社會安全，或者為了努力工作的家庭提供永久的稅務減免。美國早在2008年金融危機出現之前，就辛苦地對抗不平等的日漸惡化、中產階級在經濟上的不安全感以及其他經濟挑戰，但是金融危機讓相關問題更形嚴重。無法長久維持的預算赤字，將會妨礙美國政府處

1 譯註：鴉片類藥物氾濫問題，是美國與加拿大從2010年開始出現的社會問題，民眾藉由處方或並未經過正式處方取得鴉片類藥物，導致成癮氾濫問題，造成經濟負擔以及民眾死亡。2017年，時任美國總統的川普甚至因此宣布全國公共衛生緊急狀態。

理問題的能力。

現在的金融體系似乎更為堅強，從某些層面而言，經濟體系看起來也更穩定。銀行更安全了，可穩定提供經濟成長需要的信貸。但是，這個世界充滿風險。極端危機很罕見，但有一天終究會出現。雖然華盛頓特區陷入喧鬧的政治僵局，但現在應該立刻填補2010年改革法案所造成的空缺，以避免最壞的結果發生。這才是確保最壞結果不會發生的最好方法。據說中國哲學家和軍事策略家孫子曾警喻世人：汝欲和平，必先備戰。

我們應該做什麼？

對我們而言，2008年的金融危機依然宛如昨日鮮明，許多美國人的生活與生計都受到相關事件的嚴重影響和傷害。但是，市場的記憶很短暫，正如歷史所示，長期的信心和穩定會導致過度信心和不穩定。在金融災難的餘波中看起來是有必要存在的規則，在承平時代看起來則顯得繁重冗長。

我們的敵人是遺忘。現在的管制規則並未限制銀行獲得健康的利潤，或者向各戶家庭與企業提供大規模貸款，但是金融產業正努力地推動減輕管制。我們相信另一次金融改革的首要原則，應該效法醫學之父希波克拉底（Hippocratic）的原則：最重要的，就是不能造成傷害。我們應該謹慎，即使我們細緻處理了金融危機之後的特定改革機制，也絕對不能削弱對抗金融危機時最強力的防衛機制。當一個時代的景氣繁榮時，退步的危險似乎就會遭到忽視。

但是，最惡劣的金融危機可以造成如此沉重的代價，我們更應嚴肅地推動更堅強的預防措施以及金融危機發生時的因應措施。我們在2008年金融危機發生初期提議如何處理房利美和房地美問題時就已明白，如果金融危機還沒發生，就難以推動政治系統著手處理。在承平時代，政治人物特別不願讓中央銀行的管理者及財政政策制定者，獲得應付未來金融騷動的充足權力，他們的態度就像是如果設置了消防隊，將會引發火災一樣。但是，在火勢開始延燒之前，讓抗火鬥士獲得他們所需的權限，其實是更安全的處理方法。由於金融危機所造成的風險很高，華盛頓特區應該在金融穩定性尚未成為一個真正的問題之前，便將金融穩定性視為緊急優先事務。

談到預防金融危機，對資本、槓桿、資產流動性以及融資建立新規則，都會比一般的預防措施更好。金融改革者的主要挑戰是擊退壓力，並削弱造成金融危機的壓力。另一個相關的挑戰則是市場參與者會隨時間而適應規則，將風險分散至管制較鬆散的領域，所以管制者需要斟酌權限。相較於其他主要的經濟體，商業銀行在美國金融體系中的比例依然較低，我們需要建立新的警戒機制，確保高風險的槓桿不會移轉至新的盲區。下一次金融戰爭的開展方式，不太可能與上一次的金融危機完全相同，因此我們必須確保管制者擁有足夠彈性，可在新的危機浮現時，進行監控。

四分五裂的金融管制系統也依然需要改革，減少責任範圍重疊的多餘機構之間出現爭奪地盤的政治戰爭。我們知道組織重組將是國會山莊的沉重工作，但是更為理性編制的管制結構，可避免明天的雷曼兄弟、美國國際集團以及華盛頓互惠銀行在管制範圍的隙縫之中破產。除此之外，金融的防火機制目前依然可行。

在下一次的滂沱大雨來臨前

正如我們在本章強調的，我們更擔心金融消防隊的設備不良。我們知道社會大眾並未大聲疾呼，希望我們的繼任者可以更輕鬆地拯救銀行。但是，剝奪金融拯救者的權力也無法完全消除金融救援的必要，只會延後金融救援的時間，並付出更昂貴的代價。

華盛頓特區必須鼓起勇氣，把終結2008年金融危機的工具，放回緊急應對的武器庫——讓危機處理者擁有權限向銀行挹注資金、購買銀行資產，特別是擔保銀行債務的權力，因為這是政府平息恐慌最強大的工具。聯邦存款保險公司已經擁有以上大多數的權限，能夠處理商業銀行的問題，而我們應該思考如何將相關權限應用至所有與期限轉換有關的金融機構。《陶德—法蘭克華爾街改革法案》中的清理權限也應該獲得增強，如果大型複合銀行瀕臨破產，聯邦存款保險公司就能完全擔保該銀行的債務，並且用有序的方式減少混亂情況。這種處理方式可能會造成納稅人承受短期損失，但聯邦存款保險公司可以在危機結束之後，從金融產業獲得損失的補償。相較之下，在危機之中，向債權人施加估值折扣可能會加速系統恐慌，拖累其他金融公司，最後讓納稅人承受更鉅額的損失。我們可以理解民眾希望風險投資人因為自己冒的風險而付出代價，但是要求危機管理人在危機肆虐之時讓投資人付出代價，只會讓金融危機更難結束。

聯邦存款公司的處理方式可以成功，因為這個方式要求金融公司必須在金融危機發生之前，支付未來保險基金的費用——相關規定也明確指出，如果穩定金融體系的代價比預期的額度更高，金融產業必須補足差額。我們樂於見到國會採用一種相似的保險模式，用於廣義的金融體系，所以危機處理人員就有空間將公帑用於處理危機，並且能夠保證金融機構將會支付所有損失，而不是讓納稅人承擔。我們不會天真地認為這個方式可以解決處理金融危機的政治問題。政府想要平復金融恐慌的措施，很容易被抨擊為向不負責任的投機者提供毫無依據的紓困。但是，採用提前付款的法定要求，而金融產業將會支付所有對抗金融大火的費用，至少有助減輕社會大眾的擔憂。我們在2008年金融危機的處理實務中達成這個目標，我們的方法在本質上強迫金融體系支付我們提供保護的費用，但是如果可以明確樹立原則，並讓所有人都能提前理解，將是更好的方法。

最後，我們希望，趁著陽光普照時，華盛頓特區應該把握機會，在下一次的滂沱大雨來臨前，修復經濟屋頂。起點應該是重新恢復財政政策的責任性，因為當前採取「先甘後苦」的方法，在安逸時一邊減稅、一邊增加支出，將會導致美國政府在危機時刻完全沒有機會提供財政刺激。但是，我們也應該逐步處理長久以來的結構問題，包括逐漸嚴重的收入不平等現象，造成經濟和民主的傷害。我們必須尋找各種方法，讓更多美國人參與國家的經濟成功，不只因為這才是正確的方法，也是因為建立更強大的經濟體系，讓各行各業的人都有更多機會以及繁榮，才能讓美國獲得更好的準備，承受經濟發展必然會有的震盪——包括金融震盪。

不幸的是，美國目前分裂且癱瘓的政治系統似乎不能前瞻思考，無法為了未來做出艱困的選擇。10年前，我們看見民主黨和共和黨願意放下政治和意識形態之歧見，共同拯救國家免於災難，讓社會大眾相信當美國面對危機時，也唯有在面對危機時，終於願意完成必要之舉。當時，他們達成了艱困的成就，在往後的危機中，這種成就只會更艱難。在下一次金融危機發生前，對於美國克服萬難完成必要改革的難度，我們沒有過於天真的想法。

然而，金融危機緊急應對工具目前受到的限制，對美國來說非常危險——考慮美國金融體系以及美元的全球重要性，代表對全球經濟體系來說也相當危險。我們可以做得更好，由於緊急應對工具事關重大，即使是小小的進步，也可以對於改善人類的幸福生活形成巨大益處。現在，就是最好的起點。

致謝

許多人協助這本書的開花結果。麥可・古朗沃德提供了珍貴的協助。史考特・摩耶斯是我們在企鵝出版社的編輯，他率領我們完成本書出版。我們感謝古朗沃德以及摩耶斯。我們還要感謝戴布拉・麥克里蘭的編輯建議，莫尼卡・伯耶負責事實查核，鮑伯・巴奈特提供法律建議。

我們在回首2008年金融危機時，安德魯・麥崔克以及大衛・魏瑟爾提供了珍貴的洞察。本書圖表是蓋特納與梁內利（Nellie Liang，拜登政府的財政部國內金融部副部長）共同合作的結果，並獲得艾瑞克・戴許、賽斯・菲斯特、班・韓肯、艾登・羅森以及戴布拉・麥克里蘭的協助。

Appendix

Charting the Financial Crisis:

U.S. Strategy and Outcomes

附錄

2008年金融危機圖解：美國的策略和結果

圖解導論

2007年至2009年的全球金融危機與大衰退，導致美國經濟承受數個世代以來最嚴重的震盪。房市的泡沫與崩潰、隨後出現的金融恐慌、經濟大衰退以及美國和外國政府的各個機構為預防經濟大蕭條2.0出現採取的所有步驟，相關的作品早已汗牛充棟，未來也會有更多的探討書籍出版。

圖表能夠敘述當年發生的故事，這也是本書附上圖表的目標。

讀者很快就會發現，隨著金融危機的緊張程度升高，政府應對措施的力道也增強。雖然，2007年至2009年在金融世界的恐怖事件種子，早在數十年前就已種下，美國政府一開始的行動過於緩慢，但是聯邦準備系統、財政部以及其他機構所共同付出的努力，最後確實是強而有力、具備彈性，而且創造成效。由於金融危機造成諸多傷害，美國聯邦政府的管制單位也大幅度升級危機處理工具，從傳統的國內措施，提升至各種創新的行動，有時甚至延伸至國際範疇。當恐懼蔓延時，為了平息恐懼，聯邦政府也加強相關行動。到最後，美國政府成功穩定金融體系，重新啟動關鍵的金融市場，並控制經濟受創的程度。

即使是本書提供的內容，沒有任何一組圖表能夠完全解釋當年金融危機與美國政府介入措施的複雜度與細節。但是，以下圖表捕捉了美國經濟史上其中一個最可怕時期的特質，與美國聯邦政府在政治上不受歡迎、卻依然成功處理金融危機的應對方式。

名詞對照表

英文縮寫	英文全名	中文
ABCP	Asset-Backed Commercial Paper	資產擔保商業本票
ABS	Asset-Backed Securities	資產擔保證券
AMLF	Asset-Backed Commercial Paper Money Market Mutual Fund Liquidity Facility	資產擔保商業本票貨幣市場基金流動性機制
CAP	Capital Assistance Program	資產協助計畫
CDCI	Community Development Capital Initiative	社區發展資本計畫
CDS	Credit Default Swaps	信用違約交換
CET1	Common Equity Tier 1	普通股權益第一類資本
CPFF	Commercial Paper Funding Facility	商業本票融資機制
CPP	Capital Purchase Program	資本購買計畫
DGP	Debt Guarantee Program	債務擔保計畫
DIF	Deposit Insurance Fund	存款保險基金
EESA	Emergency Economic Stabilization Act of 2008	美國穩定經濟緊急法
FDIC	Federal Deposit Insurance Corporation	聯邦存款保險公司
FHA	Federal Housing Administration	聯邦住房管理局
FHFA	Federal Housing Finance Agency	聯邦住宅金融局
GDP	Gross Domestic Product	國內生產毛額
GSEs	Government-Sponsored Enterprises	政府贊助企業
HAMP	Home Affordable in Modification Program	家庭可負擔換約計畫
HARP	Home Affordable Refinance Program	家庭可負擔再融資計畫
HUD	U.S. Department of Housing and Urban Development	住宅暨都市發展部

英文縮寫	英文全名	中文
Libor-OIS	London Interbank Offered Rate-Overnight Indexed Swap rate	倫敦銀行同業拆放利率－隔夜指數交換利率
MBS	Mortgage-Backed Securities	房貸抵押擔保證券
MLEC	Master Liquidity Enhancement Conduit	主要流動性增強管道
MMF	Money Market Fund	貨幣市場基金
NBER	National Bureau of Economic Research	美國全國經濟研究所
PDCF	Primary Dealer Credit Facility	主要交易商融通機制
PPIP	Public-Private Investment Program	政府民間合作投資計畫
QE	Quantitative Easing	量化寬鬆
SAAR	Seasonally Adjusted Annual Rate	（國內生產毛額）季節化調整年增率
SBA 7(a)	Small Business Administration 7(a) Securities Purchase Program	美國小型企業管理局 7(a) 證券購買計畫
SCAP	Supervisory Capital Assessment Program	監督資產評估計畫
SDR	Special Drawing Right	特別提款權
SPSPAs	Senior Preferred Stock Purchase Agreements	優先特別股購買協議
TAF	Term Auction Facility	定期競標融通機制
TAGP	Transaction Account Guarantee Program	存款帳戶擔保計畫
TALF	Term Asset-Backed Securities Loan Facility	定期資產擔保證券貸款機制
TARP	Troubled Assets Relief Program	問題資產紓困計畫
TLGP	Temporary Liquidity Guarantee Program	暫時性流動性保證計畫
TSLF	Term Securities Lending Facility	定期借券機制

2008年金融危機

——美國的策略和結果

2008 年金融危機前情提要

在 2008 年金融危機發生前，
美國經濟表現已出現重大衰退。

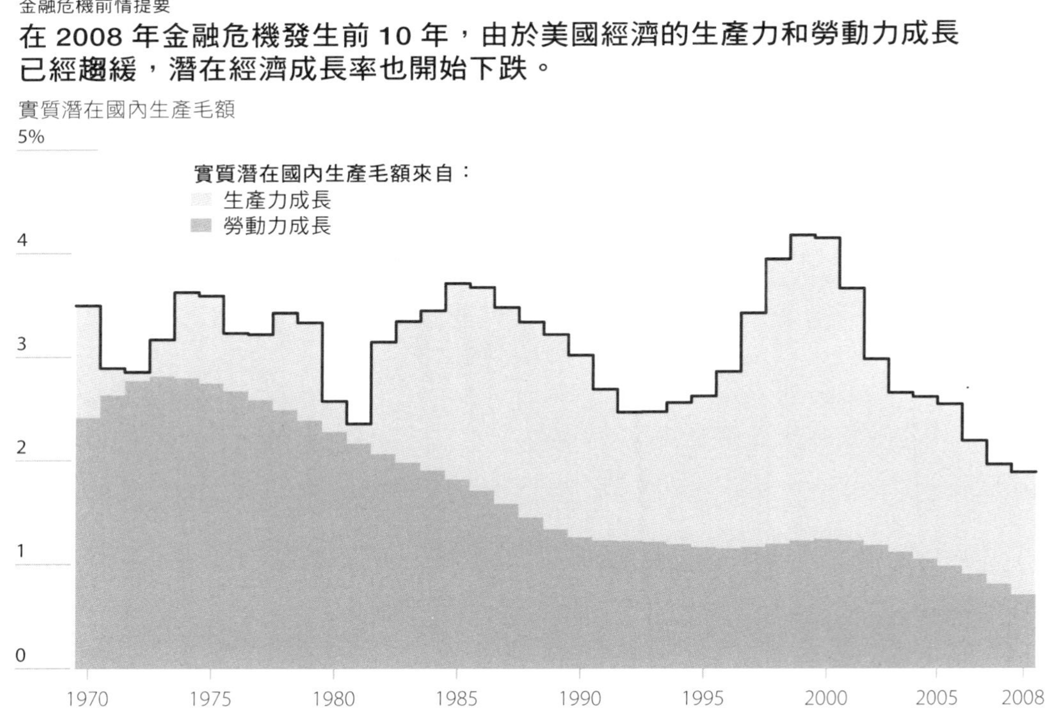

資料來源：Congressional Budget Office, “An Update to the Economics Outlook: 2018 to 2018”; 本書作者的計算

金融危機前情提要

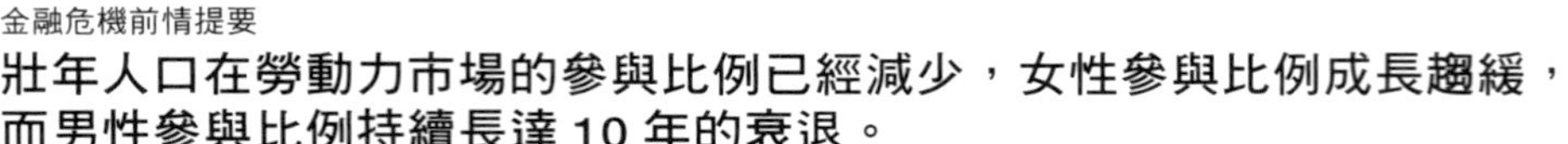

壯年人口在勞動力市場的參與比例已經減少，女性參與比例成長趨緩，而男性參與比例持續長達 10 年的衰退。

美國 25 歲至 54 歲公民的勞動市場參與比例，以 1990 年 1 月作為基準指數（100）

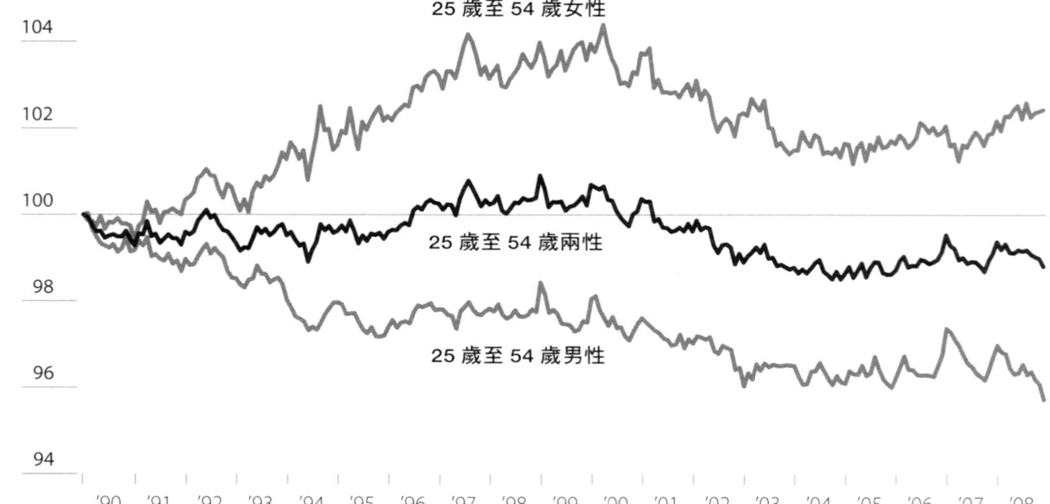

資料來源：Bureau of Labor Statistics via Haver Analytics

金融危機前情提要

前 1%的人口收入成長急速增加，出現 1920 年代以來最嚴重的收入不平等現象。

自從 1979 年以來，平均收入的累積成長，並未計算移轉和稅金，以收入族群分類

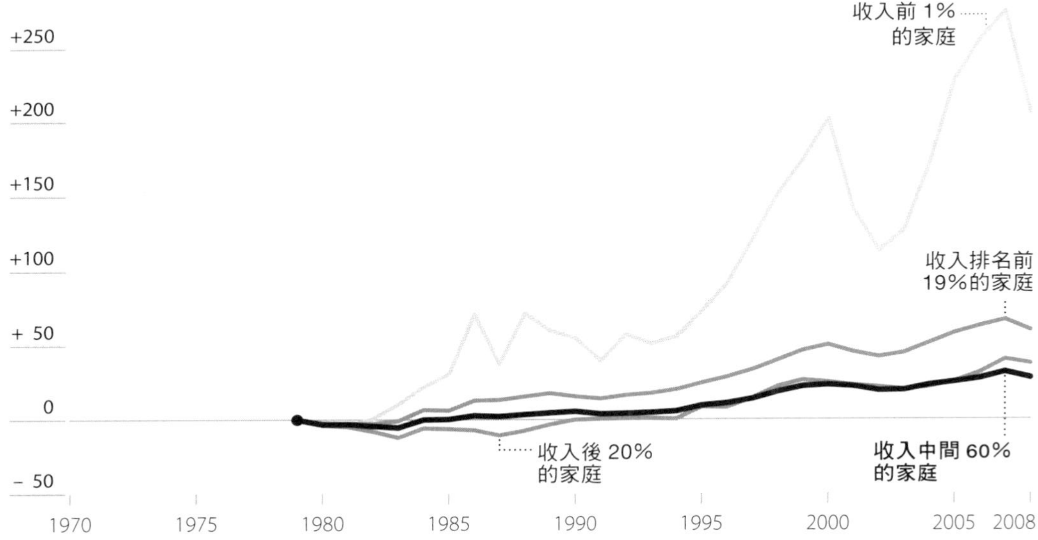

資料來源：Congressional Budget Office, “The Distribution of Household Income, 2014”.

同時，

金融體系愈來愈脆弱。

金融危機前情提要

近 70 年來，美國經歷了一段「靜謐時刻」，銀行的損失相對較小，創造了一種錯誤的強健感。

商業銀行 2 年期貸款損失比例

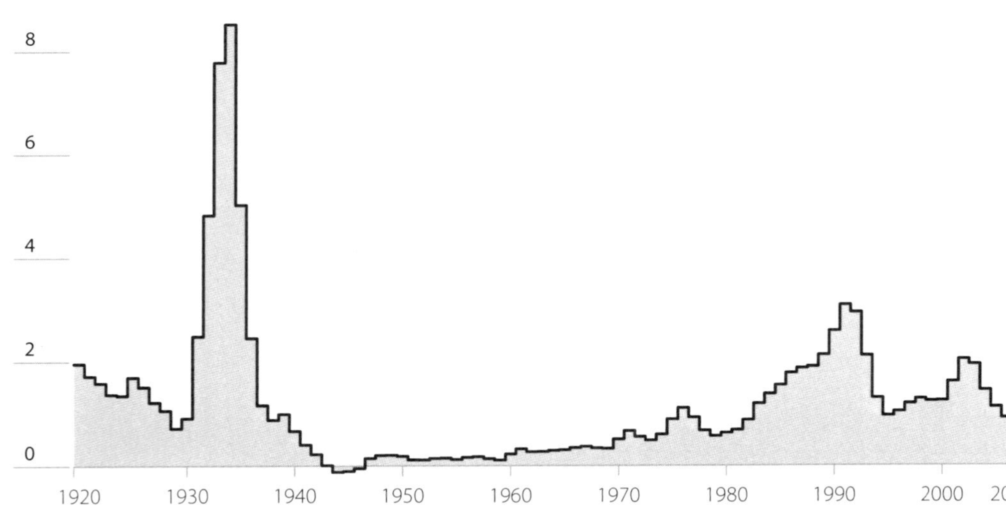

資料來源：Federal Deposit Insurance Corp.; Federal Reserve Board; International Monetary Fund.

金融危機前情提要

「大穩定時期」——長達 20 年更穩定的經濟結果，經濟衰退的時間更短，程度更輕微，而且通貨膨脹比例更低——也增加了市場的志得意滿。

每季的實質國內生產毛額成長，根據前一個時期進行百分比計算

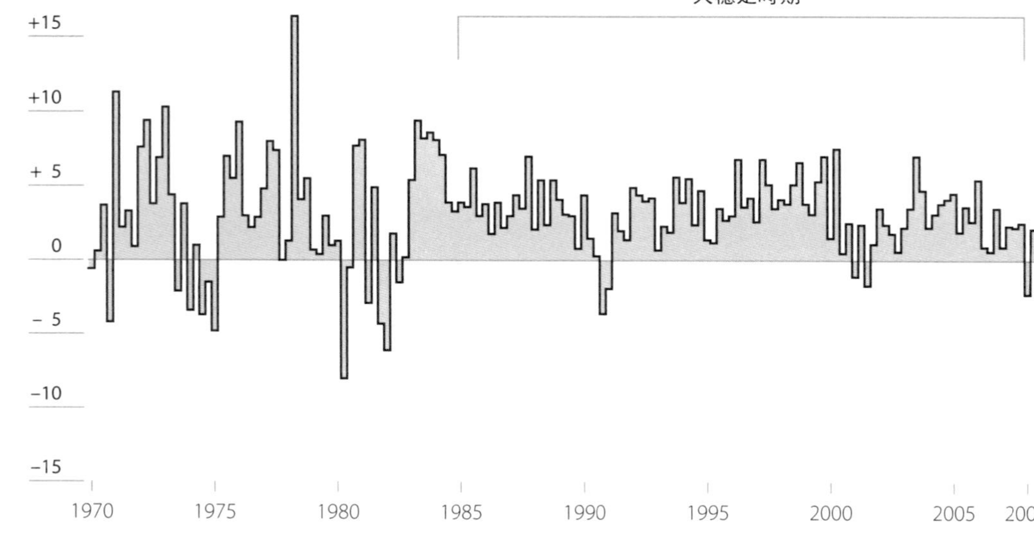

資料來源：Bureau of Economic Analysis via Federal Reserve Economic Data (FRED)

金融危機前情提要

數十年來，長期利率都在下降，反映通貨緊縮、勞動力老化以及全球儲蓄增加。

資料來源：Federal Reserve Board and Freddie Mac Primary Mortgage Market Survey® via Federal Reserve Economic Data (FRED)

金融危機前情提要

近 10 年來，美國各地的房屋價格開始劇烈上漲。

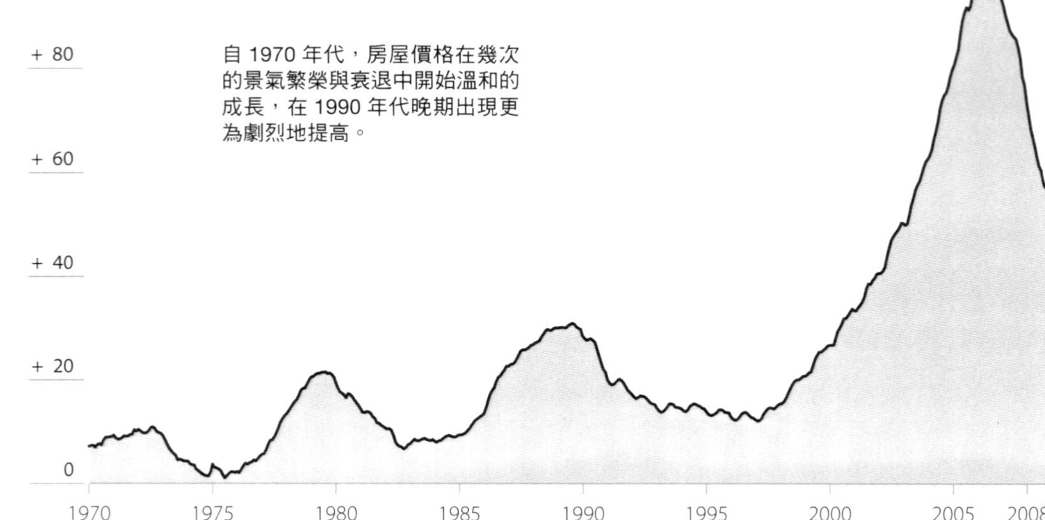

資料來源：U.S. Home Price and Related Data, Robert J. Shiller, Irrational Exuberance

金融危機前情提要

家庭債務在收入中占有的比例已經提高至必須警戒注意的程度。

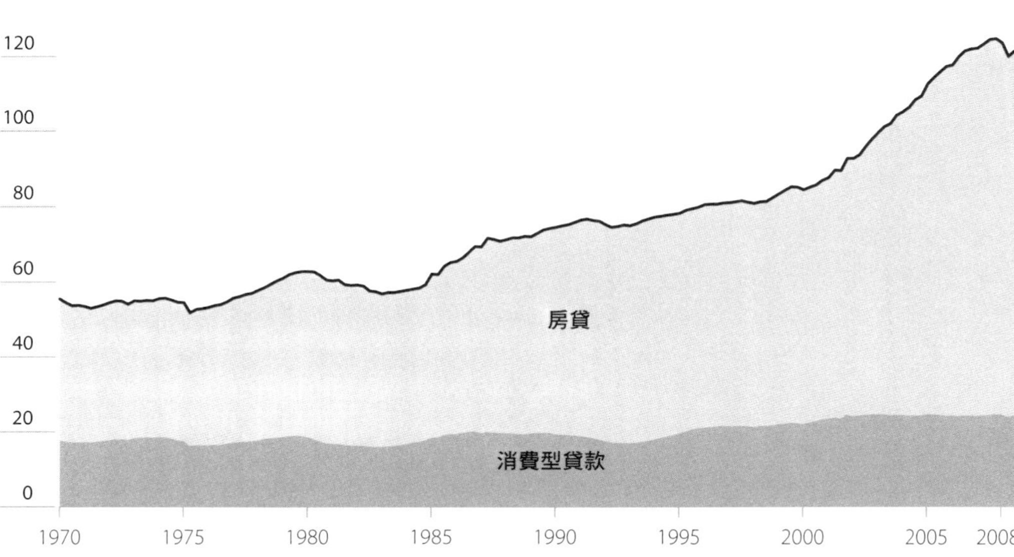

資料來源：Federal Reserve Board Financial Accounts of the United States, 根據 Ahn et al. (2018)

金融危機前情提要

信貸和風險移動至不受管制的銀行系統。

債權人持有的應收信貸市場貸款在名目國內生產毛額中占有的比例

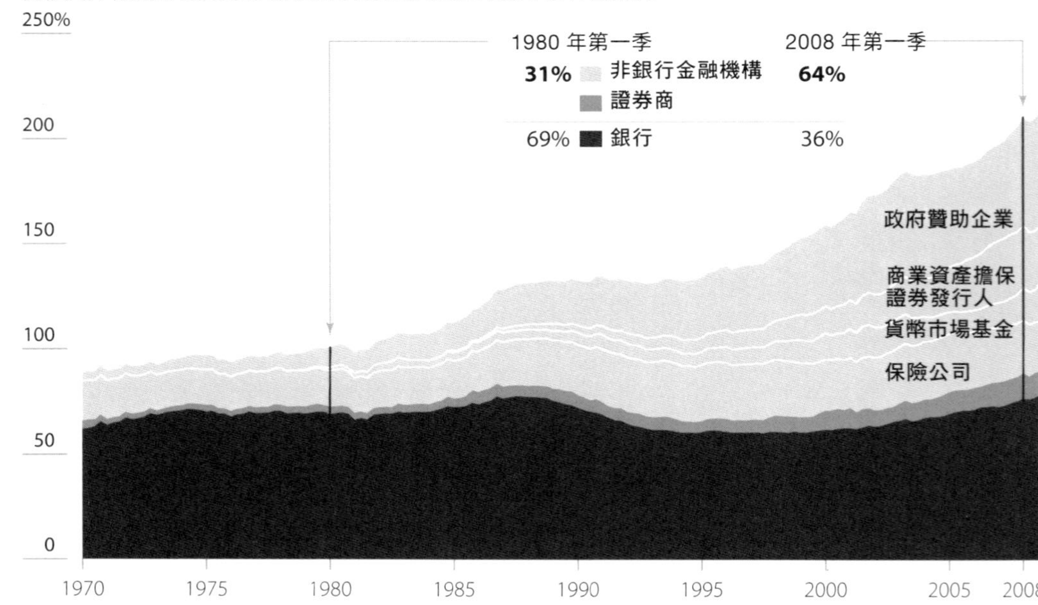

資料來源：Federal Reserve Board Financial Accounts of the United States

註記：政府贊助企業包含房利美和房地美。

金融危機前情提要

以短期負債作為融資的金融資產數量也開始劇烈增加，導致金融體系更容易遭到擠兌。

銀行和證券商的附買回融資總額

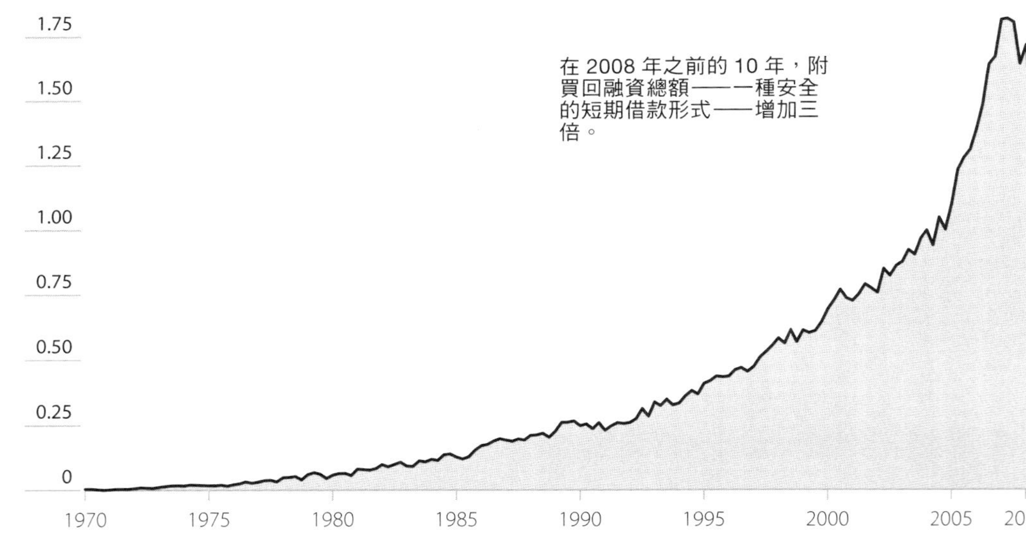

資料來源：Federal Reserve Board Financial Accounts of the United States

金融危機的發展弧線

金融危機的發展弧線

金融危機的發展階段。

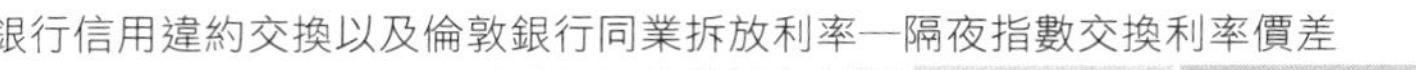

銀行信用違約交換以及倫敦銀行同業拆放利率—隔夜指數交換利率價差

500（基準點）

壓力持續增加階段

早期危機提高階段

恐慌與清理階段

400

金融危機部門壓力的普遍判斷指標，第一個是信用違約價差，用於測量承保一家公司債務的成本，第二個則是倫敦銀行同業拆放利率—隔夜指數交換利率價差，普遍用於評估銀行交易對象的信用風險。

300

200

銀行信用違約交換價差

100

倫敦銀行同業拆放利率—隔夜指數交換利率價差

0

2007

2008

2009

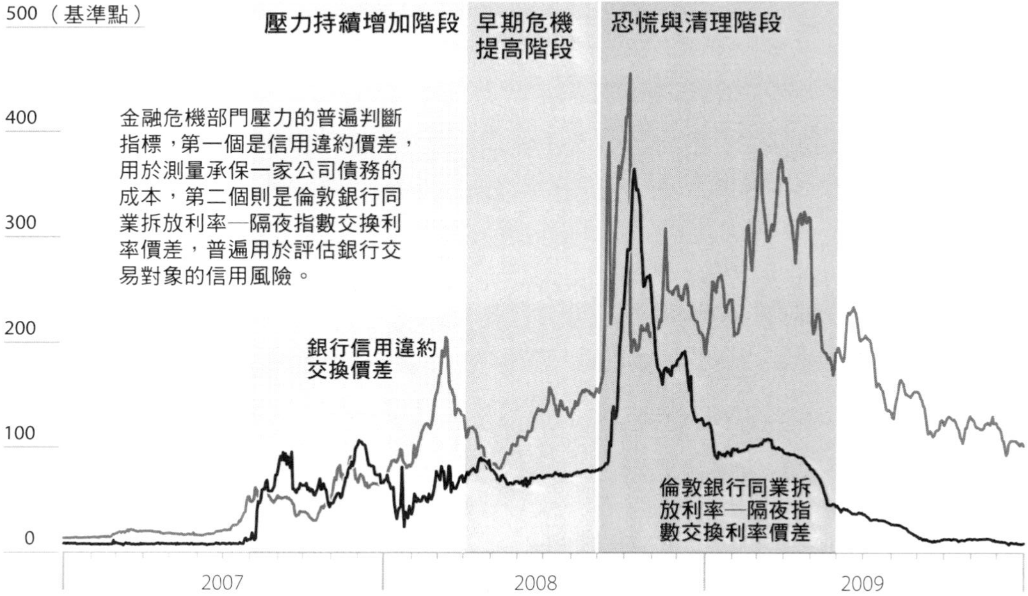

資料來源：倫敦銀行同業拆放利率—隔夜交換利率價差：Bloomberg Finance L.P.; 銀行信用違約交換價差：Bloomberg Finance L.P., IHS Markit

註記：信用違約交換價差採用摩根大通銀行、花旗銀行、富國銀行、美國銀行、摩根士丹利及高盛銀行的等權重平均。本圖使用的倫敦銀行同業拆放利率—隔夜指數交換利率價差取 3 個月期的倫敦銀行同業拆放利率以及 3 個月期的美國隔夜指數交換利率。

金融危機的發展弧線

2006 年夏季，美國全國房價達到高峰，隨即迅速下跌——到了 2008 年 3 月，8 個大城市的房價已下跌超過 20%。

美國主要 20 座城市與美國全國標準普爾凱斯席勒房價指數變化，從 2006 年 7 月的高峰開始，並未進行季調整

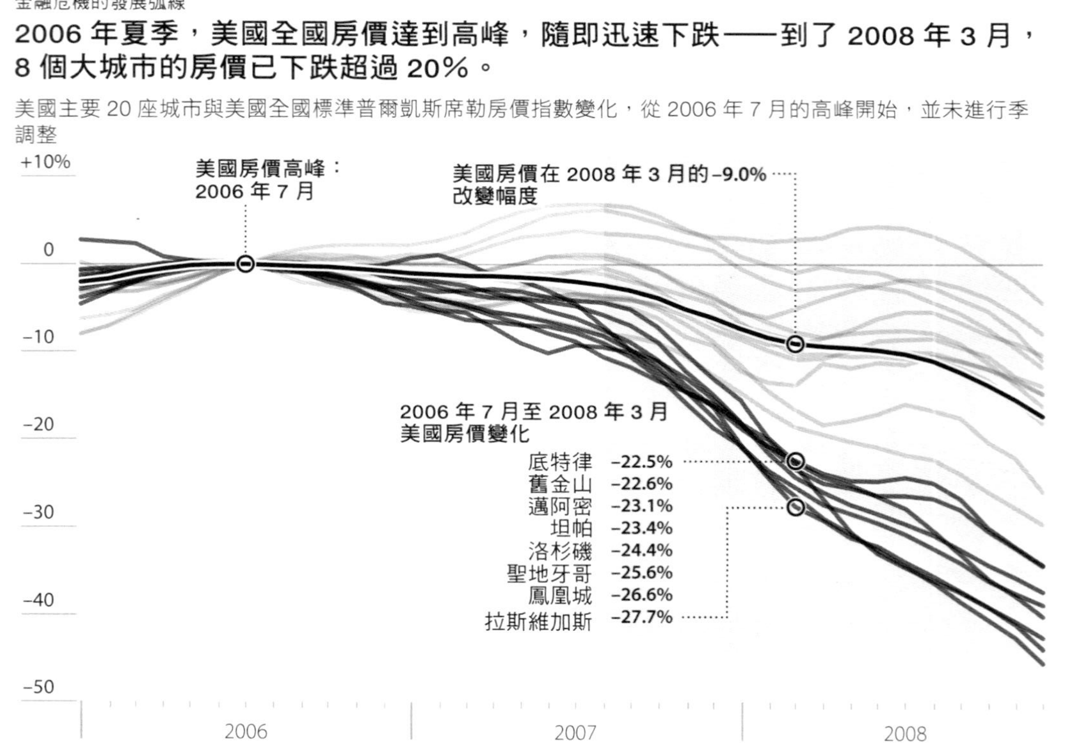

資料來源：S&P CoreLogic Case-Shiller Home Price Indexes for 20 individual cities and National Home Price Index via Federal Reserve Economic Data (FRED)

金融危機的發展弧線

在 2007 年末及 2008 年初，金融體系的壓力逐漸累積，房貸問題和市場對於景氣衰退的恐懼提高。

倫敦銀行同業拆放利率—隔夜指數交換利率價差

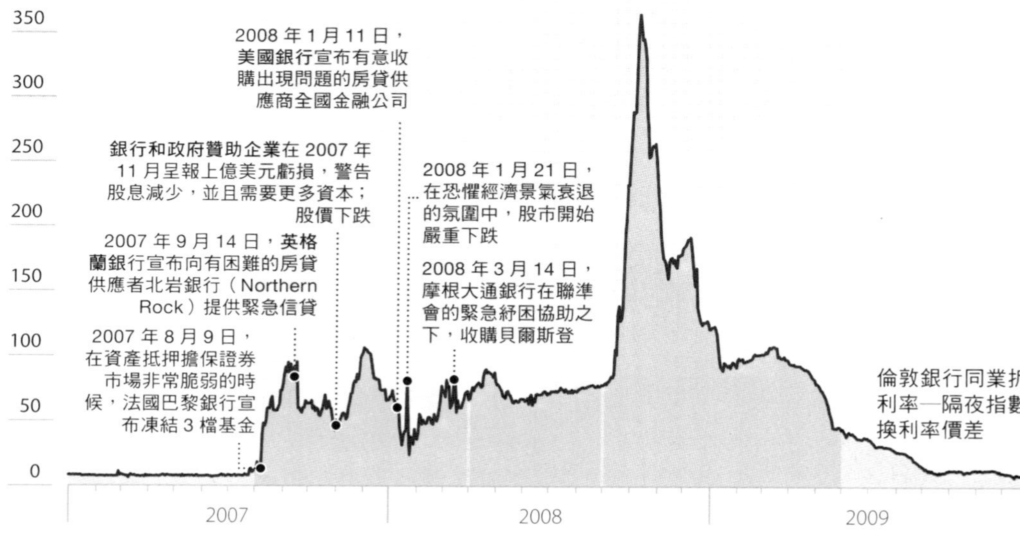

資料來源：Bloomberg Finance L.P.

金融危機的發展弧線

投資人害怕房貸巨人房利美和房地美可能會破產，導致房市受創。

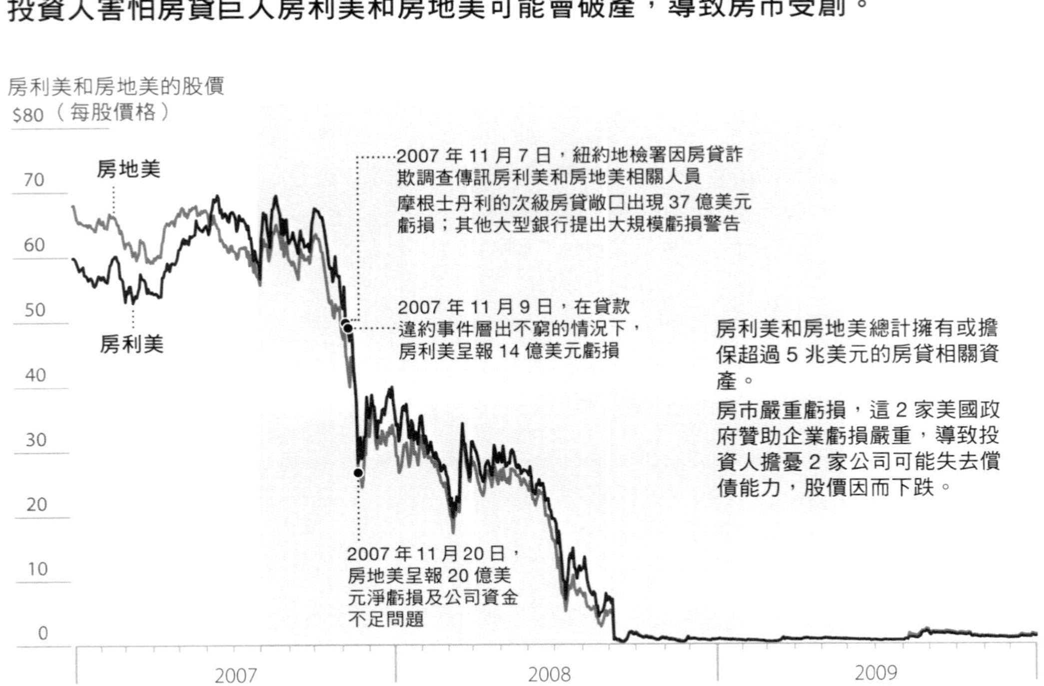

資料來源：The Center for Research in Security Prices at Chicago Booth via Wharton Research Data Services (WRDS)

金融危機的發展弧線

恐懼開始擴散，美國最大型的傳統銀行與投資銀行愈來愈脆弱，可能導致破產。

標準普爾 500 金融指數及 6 家大型銀行信用違約交換的基準點價差

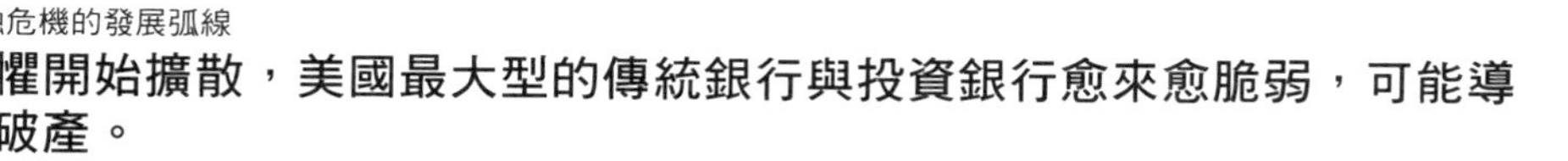

資料來源：標準普爾 500 金融指數：Bloomberg Finance L.P., S&P Dow Jones Indices LLC；銀行信用違約交換價差：Bloomberg Finance L.P., IHS Markit

註記：信用違約交換價差採用摩根大通銀行、花旗集團、富國銀行、美國銀行、摩根士丹利以及高盛的等權重平均。

金融危機的發展弧線

虧損增加、害怕出現更嚴重的虧損以及金融體系的資產流動性壓力，導致金融資產的價格下跌，市場擔憂金融體系的償還能力。

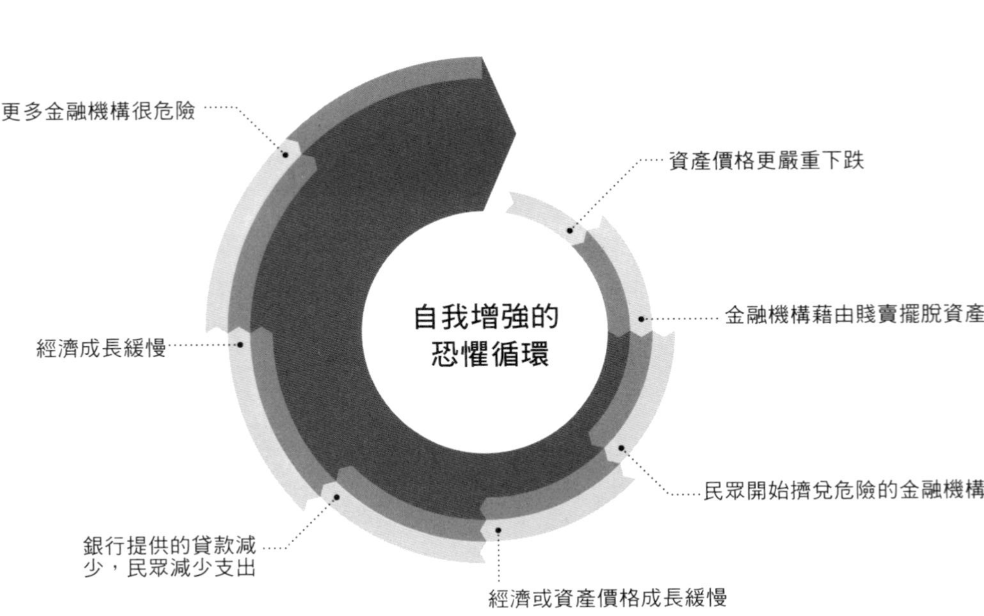

然而，各界的經濟預測認為，經濟成長只是出現溫和而且可以處理的緩和趨勢。但經濟預測是錯的。

實質國內生產毛額，百分比變化以上一季為基準以及費城聯邦準備銀行對於各方經濟預測的調查結果

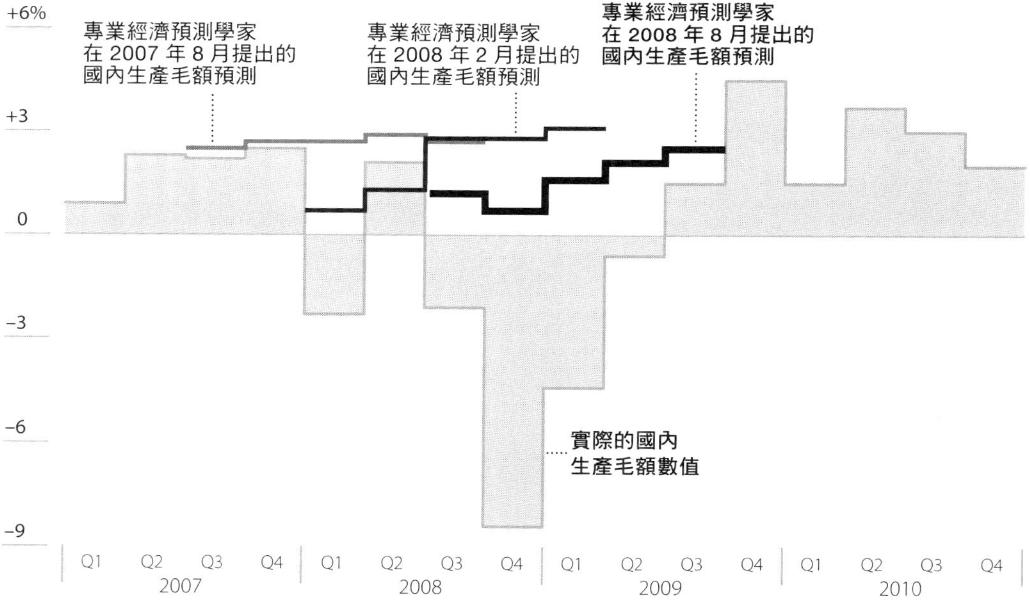

Source: Bureau of Economic Analysis via Federal Reserve Economic Data (FRED) (data update of Aug. 29, 2018); Philadelphia Federal Reserve Survey of Professional Forecasters, Q3 2007 and Q1 and Q3 2008

美國的策略

美國的策略

美國政策應對措施的關鍵要素：

- **使用聯準會最後貸款人的權限**，延伸至銀行系統之外，針對投資銀行和融資市場提供紓困。
- **擴展使用擔保措施**，避免貨幣市場基金以及大範圍的金融機構發生擠兌。
- **金融體系的激進資本重組**，分為兩階段，獲得聯邦存款保險公司的支持。
- **推出強力的貨幣和財政政策**，控制經濟衰退的嚴重程度，重新恢復經濟成長。
- **廣泛混合應用房市政策**，避免政府贊助企業的破產，減緩房價下跌，降低房貸利率，並且協助進行再融資。
- **延伸美元流動性**，範圍觸及全球金融體系，結合國際合作以及凱因斯刺激政策。

美國的策略

美國政府針對 2008 年金融危機一開始採取漸進處理，能夠使用的工具有限而且過時，因為當初設計的目標是應對傳統銀行問題。

可用的工具	沒有權限採行的措施
聯邦存款保險公司 ・銀行清算權限，如果是「系統風險例外」，能夠提供範圍更大的擔保。 ・銀行存款保險。 **聯準會** ・貼現窗口，向銀行提供貸款，在極端困境中，也可以向其他機構貸款。 ・向國外的中央銀行提供換匯額度。	・不能介入管理非銀行金融機構的破產，無法國有化。 ・不能擔保金融體系更大範圍的負債。 ・不能向金融體系挹注資金。 ・聯準會只能購買國庫債券、機構債券以及機構房貸抵押擔保證券*，無法購買其他資產。 ・不能向政府贊助企業挹注資金或者擔保債務。

*機構債券是由美國聯邦機構或政府贊助企業發行或擔保的債券；機構房貸抵押擔保證券是由美國聯邦機構或政府贊助企業發行的房貸發行或 擔保的房貸抵押擔保證券。

美國的策略

但是，隨著金融危機的嚴重程度提高，國會提供新的緊急處理權限之後，聯邦政府的應對措施也更為強力全面。

倫敦銀行同業拆放利率—隔夜指數交換利率價差

壓力持續增加階段

早期危機提高階段

恐慌與清理階段

400（基準點）

350

300

250

200

150

100

50

0

金融體系政策

定期競標融通機制（聯準會）

定期競標融通機制延長（聯準會）

定期借券機制（聯準會）

主要交易商融通機制（聯準會）

美國國際集團穩定措施（聯準會與財政部）

貨幣市場基金穩定措施（財政部）

資產擔保商業本票貨幣市場基金流動性機制（聯準會）

商業本票融資機制（聯準會）

銀行債務與存款保險（暫時性流動性保證計畫）（聯邦存款保險公司）

資本購買計畫（財政部）

定期資產擔保證券貸款機制（聯準會與財政部）

銀行壓力測試（聯準會與財政部）

政府民間合作投資計畫（財政部）

貨幣與財政政策

聯邦基準利率降息（聯準會）

量化寬鬆政策（聯準會）

刺激方案（小布希政府）

復甦法案（歐巴馬）

房市

房利美和房地美接管（美國聯邦住宅金融局）

機構發行房貸擔保抵押證券購買計畫（財政部）

家庭可負擔換約計畫（財政部）

家庭可負擔再融資計畫（美國聯邦住宅金融局）

倫敦銀行同業拆放利率—隔夜指數交換利率價差

國際

中央銀行換匯額度（聯準會）

換匯額度提高（聯準會）

2007

2008

2009

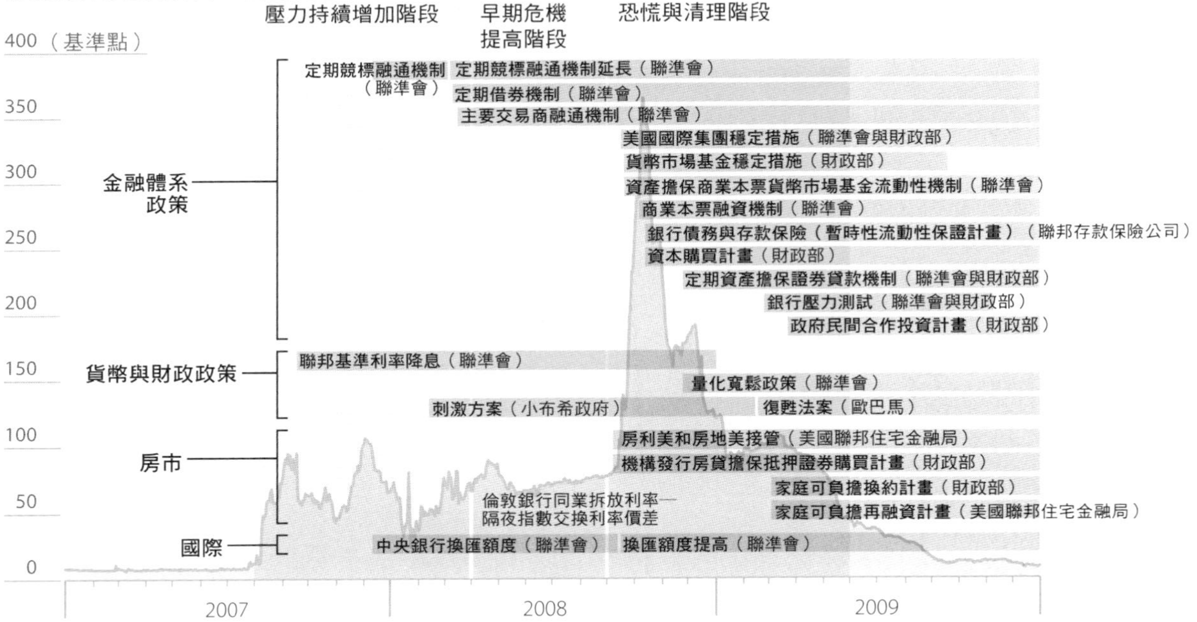

資料來源：倫敦銀行同業拆放利率—隔夜指數交換利率價差：Bloomberg Finance L.P.

註記：圖中各項計畫措施的日期為宣布日期。聯準會在監督資產評估計畫開始執行銀行壓力測試，而財政部則是藉由資產協助計畫開始建立金融機構的資產協助。

美國的策略

美國政府綜合執行各種系統政策，希望穩定金融機構與市場：

- **資產計畫**：保持金融機構的運作，消費者和企業可以獲得信用貸款。
- **擔保計畫**：支持金融機構需要的關鍵融資市場。
- **資本重組策略**：藉由民間和政府的資本，避免具備系統重要性的金融機構破產，解決市場對於金融體系的不安。

美國的策略

隨著金融危機的嚴重程度提高，美國政府資產流動計畫的數個層面也隨之增加規模：

- 國內 → 國際
- 傳統 → 創新
- 金融機構 → 整體市場

美國的策略

聯準會一開始採用傳統的最後貸款人工具，向銀行系統提供資產流動性。

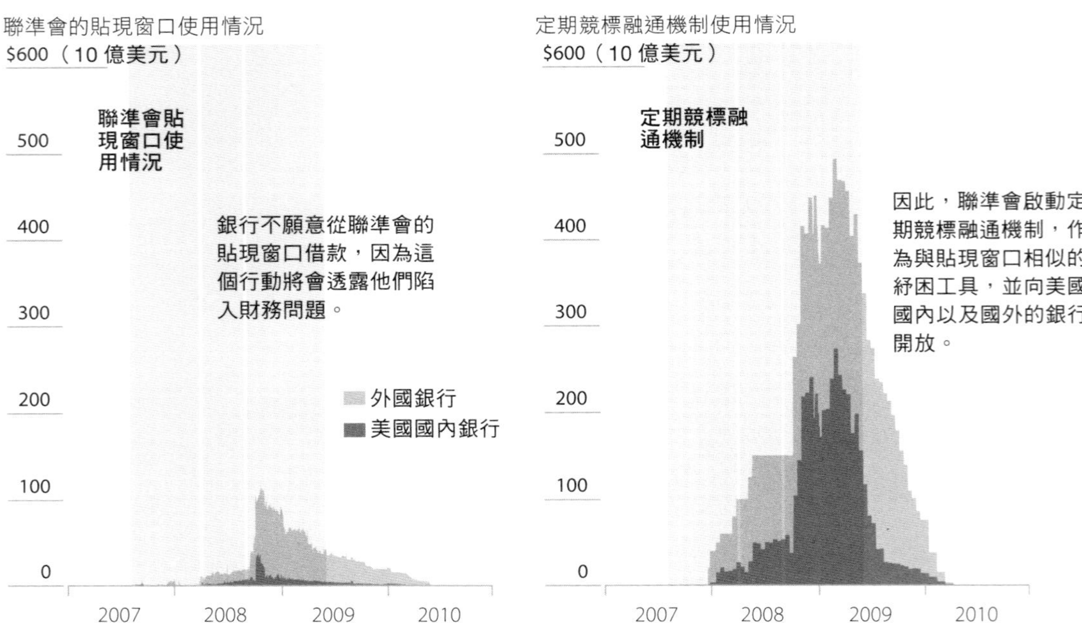

資料來源：Federal Reserve Board, based on English and Mosser (forthcoming). 根據資訊自由法案，政府公開了 2008 年金融危機期間的貼現窗口借款交易數據，請參考：https://www.federalreserve.gov/foia/servicecenter.htm.

美國的策略

隨後，聯準會延伸紓困措施範圍，能夠協助交易商以及融資市場。

向交易商提供借券：定期借券機制

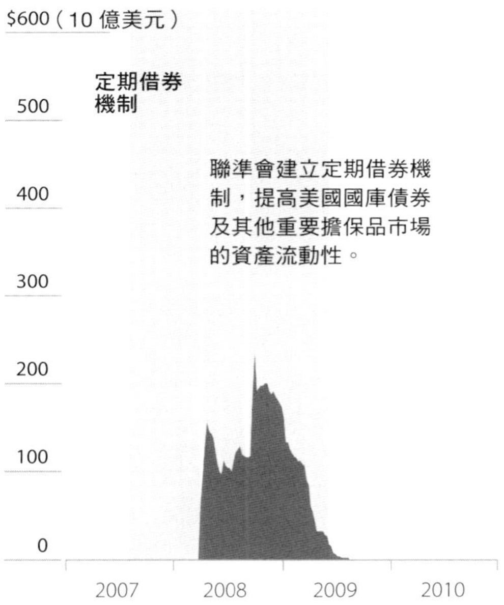

主要交易商融通機制貸款

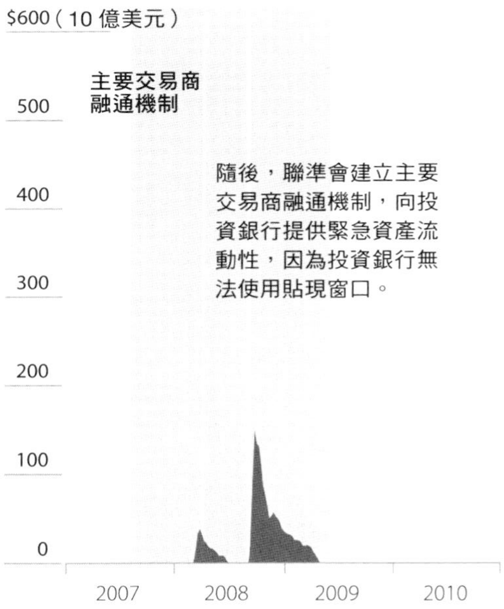

資料來源：Federal Reserve Board via Federal Reserve Economic Data (FRED)

註記：主要交易商融通機制也包括延伸借給其他證券交易商的貸款。

美國的策略

聯準會和財政部採行各種計畫，處理脆弱的商業本票市場，而商業本票市場是金融機構以及企業的重要融資來源。

隔夜發行本票在未償還商業本票金額中的比例

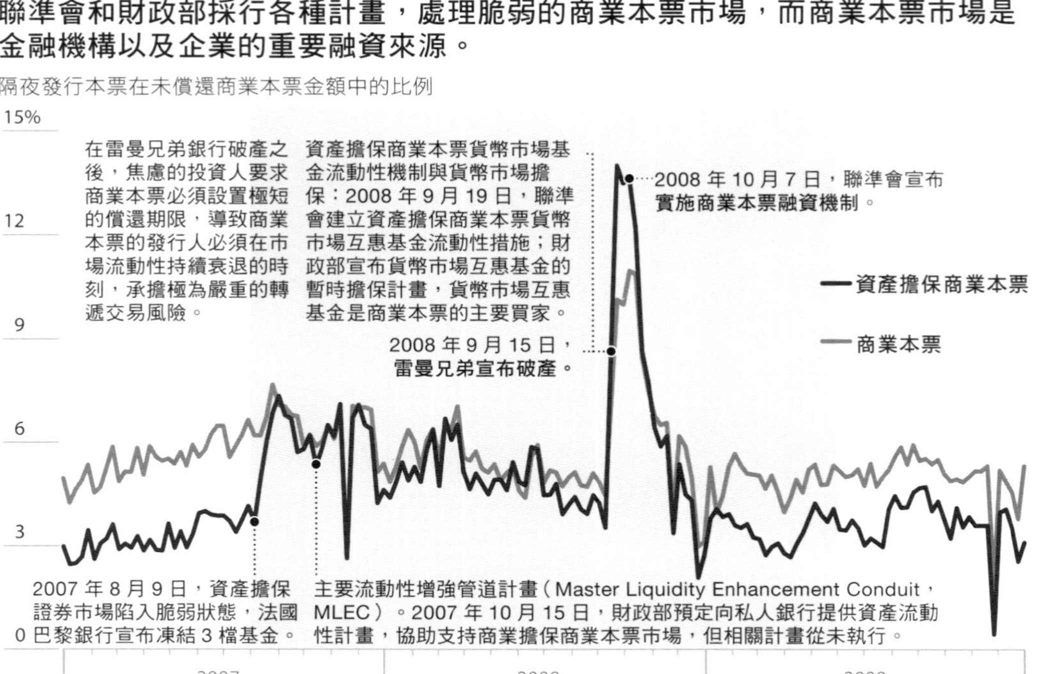

資料來源：Federal Reserve Bank of New York based on data from the Federal Reserve Board of Governors, “Commercial Paper Rates and Outstanding Summary,” derived from data supplied by the Depository Trust & Clearing Corporation.

美國的策略

聯準會和財政部協助復甦資產擔保證券市場，因為這個市場是信用卡、汽車貸款以及房貸借款的重要融資來源。

資產擔保證券發行額度（合格類型）以及抵押擔保至定期資產擔保證券貸款機制的額度

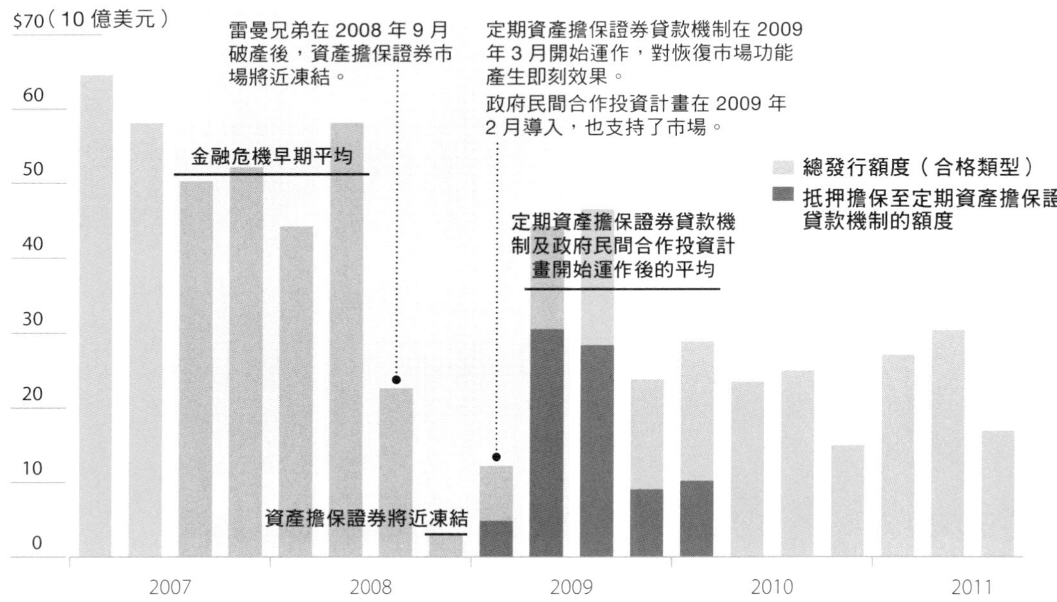

資料來源：Federal Reserve Bank of New York based on data from JP Morgan, Bloomberg Finance L.P., and the Federal Reserve Board of Governors

美國政府結合多種擔保計畫，
支持金融體系的關鍵區域。

美國的策略

財政部同意擔保大約 3.2 兆美元的貨幣市場基金資產，藉此阻止主要貨幣市場基金發生擠兌。

美國貨幣市場基金的每日金流

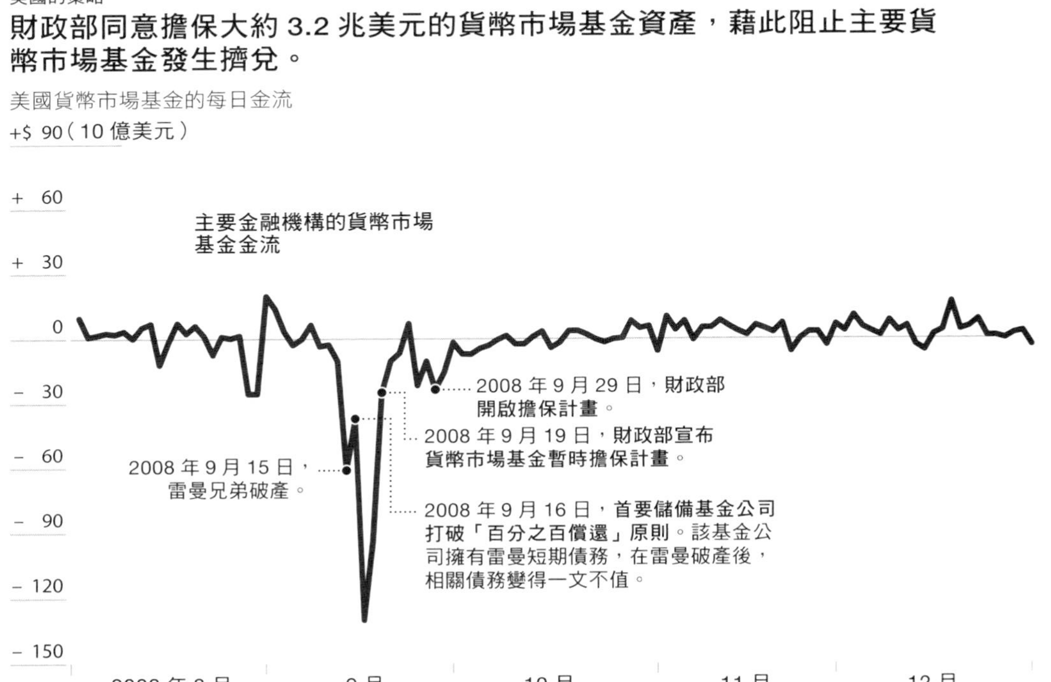

資料來源：iMoneyNet; 本書作者群依照 Schmidt et al. (2016) 資料計算結果

美國的策略

聯邦存款保險公司為避免銀行擠兌，決定延伸存款保險的應用限制，範圍包括消費者和企業存款。

聯邦存款保險公司承保存款的比例

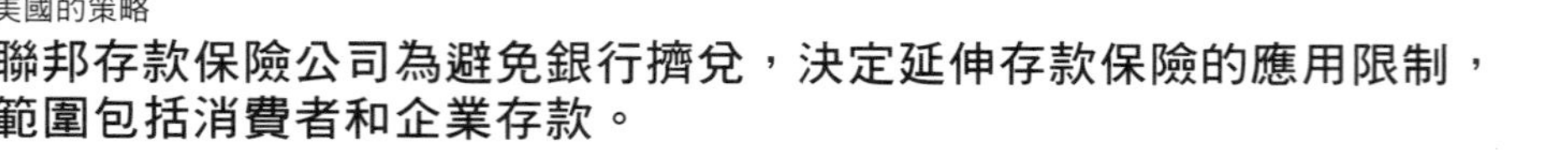

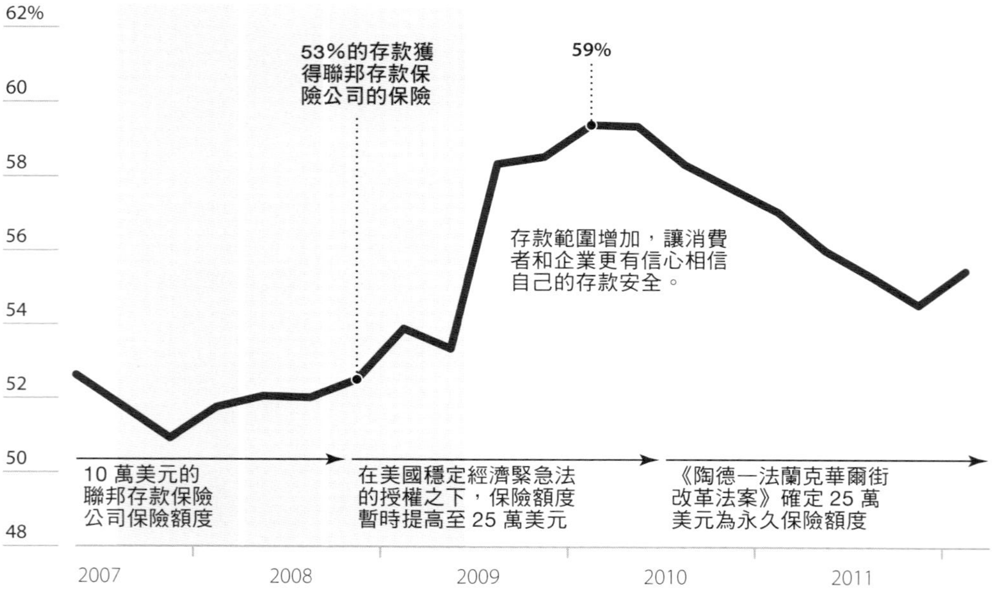

資料來源：U.S. Treasury, "Reforming Wall Street, Protecting Main Street"
註記：數據不包含《陶德—法蘭克華爾街改革法案》在 2012 年結束時開始承保的無利息存款。

美國的策略

聯邦存款保險公司同意擔保金融機構發行的新債務，協助金融機構獲得更穩定的融資。

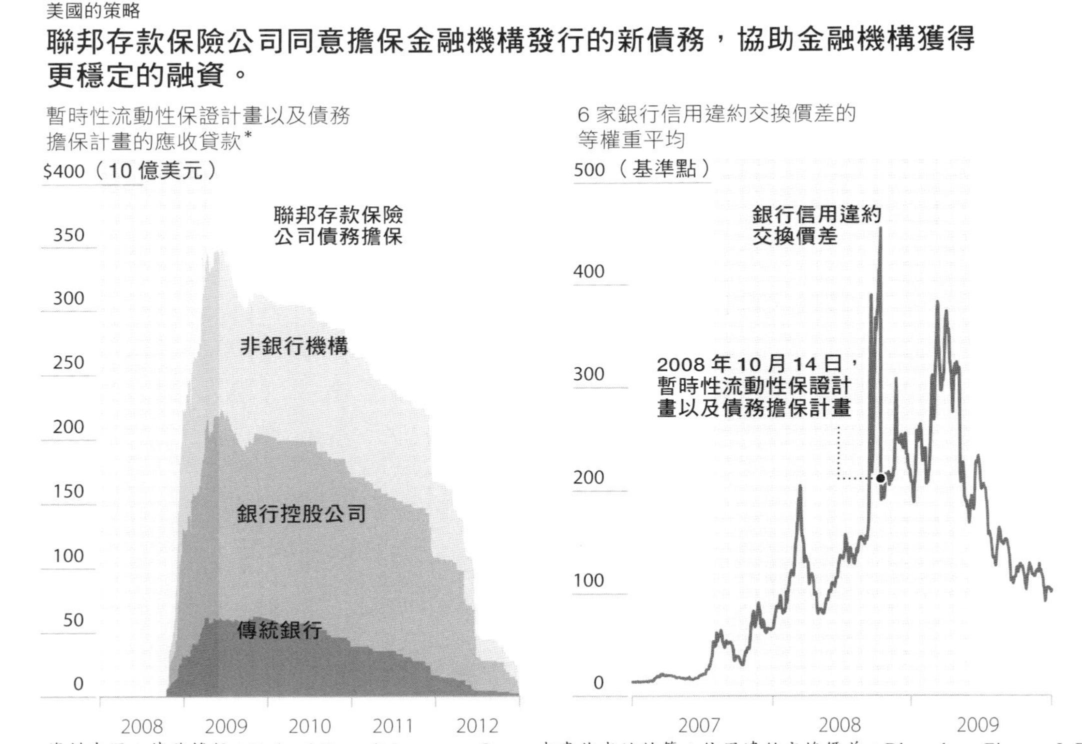

資料來源：債務擔保：Federal Deposit Insurance Corp., 本書作者的計算；信用違約交換價差：Bloomberg Finance L.P., IHS Markit*

*債務擔保計畫包含母公司和分公司發行的債務。

美國的策略

隨著金融危機變得更為嚴重，美國政府藉由以下方法增強金融體系的資本：

- 在危機的早期階段，**鼓勵最大型的金融機構提高私人資本**。
- 金融危機惡化，國會提供緊急權限時，**在銀行系統挹注大量政府資金**。
- 藉由額外的資本和圍籬擔保機制，**穩定問題最嚴重的銀行**。
- **藉由壓力測試**，完成金融體系的資本重組。

美國的策略

金融危機早期的虧損愈來愈嚴重，美國政策制定者呼籲金融機構提高私人資本。

9 家接受政府投資計畫的銀行在 2007 年 1 月 1 日至 2008 年 10 月 13 日之間的私人資本提高額度

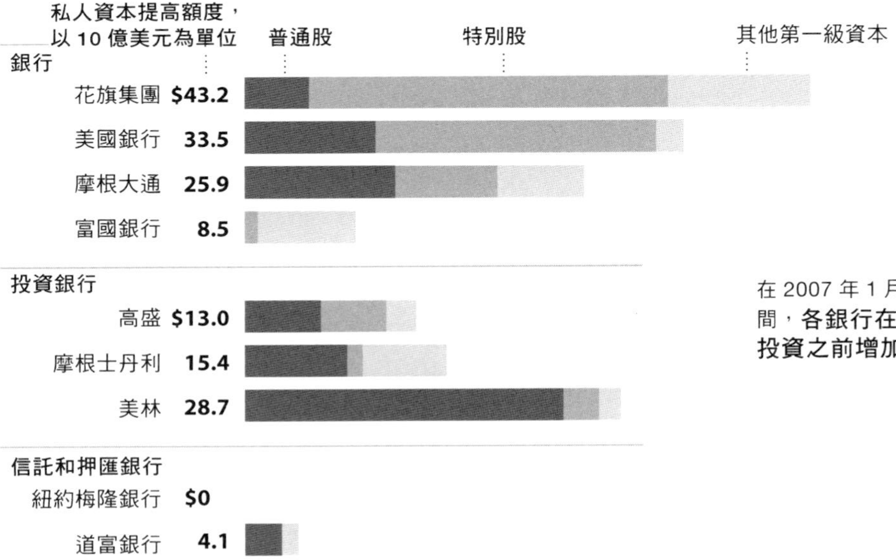

資料來源：高盛

美國的策略

隨後，雷曼兄弟破產引發恐慌，財政部使用國會提供的新權限，向最大型的幾家銀行提供大量資本投資。

在 2008 年 10 月 14 日至 2009 年 5 月 6 日（壓力測試報告公開的前一天），政府和其他資本提高額度

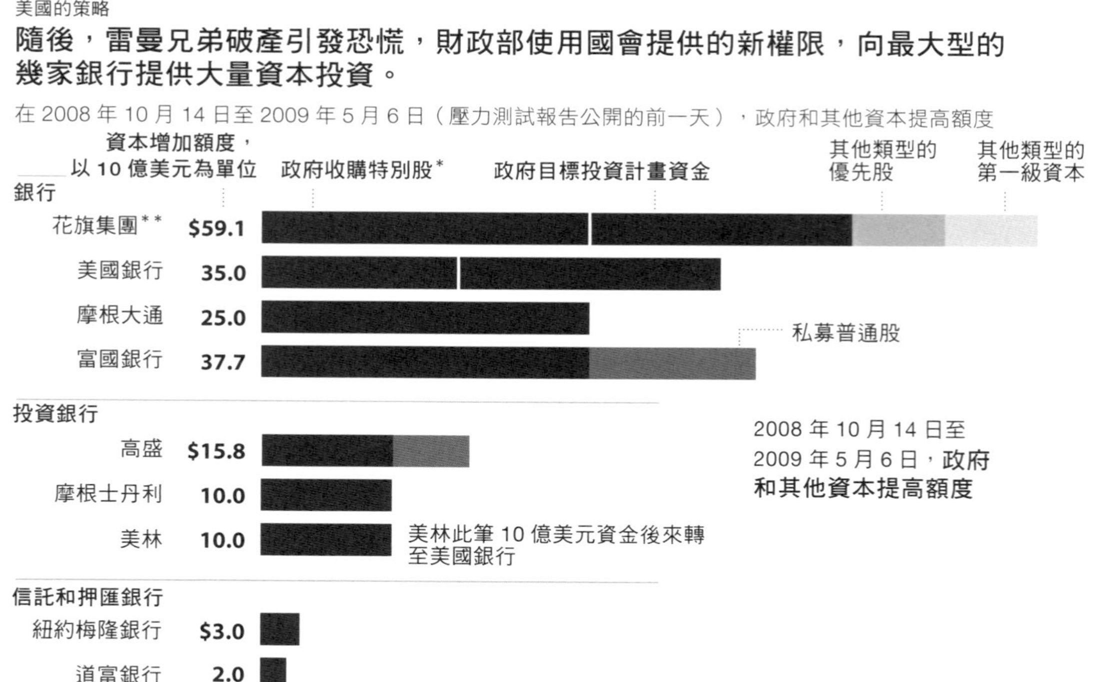

資料來源：Goldman Sachs

*包含資本購買計畫挹注的資金額度。

**花旗銀行後來將大約 580 億美元的特別股和其他證券轉變為普通股。

美國的策略

（承上圖）財政部也使用額外的資金，向數百家規模較小的銀行進行直接政府投資。

資料來源：資金時間軸：TARP Tracker；根據資產大小排序的資料：U.S. Treasury, “Troubled Asset Relief Program: Two Year Retrospective,” SNL Financial；各州銀行接受資金的分配資料：本書作者依照 TARP Investment Program transaction reports, Aug. 8, 2018 計算的結果。

美國的策略

除了挹注資金，美國政府將紓困措施擴展至替問題最嚴重的銀行：花旗銀行與美國銀行，提供資產擔保。

資產擔保計畫（Asset Guarantee Program，AGP）對於花旗銀行資產的擔保措施，以及「圍籬」損失負擔結構（美國政府曾經擬定美國銀行的資產擔保計畫，但未曾執行）

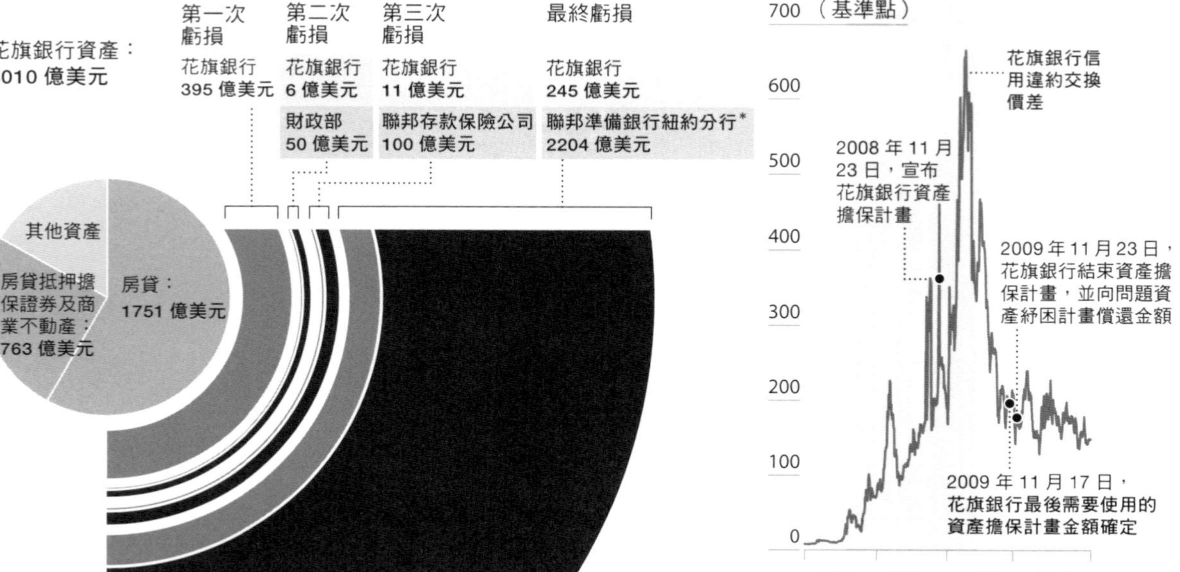

資料來源：資產擔保計畫條款：Special Inspector General for TARP, “Extraordinary Financial Assistance Provided to Citigroup, Inc.”; 信用違約交換價差：Bloomberg Finance L.P., IHS Markit

＊聯邦準備銀行紐約分行的損失部位採取無追索權貸款形式

美國的策略

美國政府向美國國際集團提供緊急貸款、資本以及擔保，避免造成可能會顛覆金融市場的混亂破產事件。

美國政府向美國國際集團提供的紓困貸款

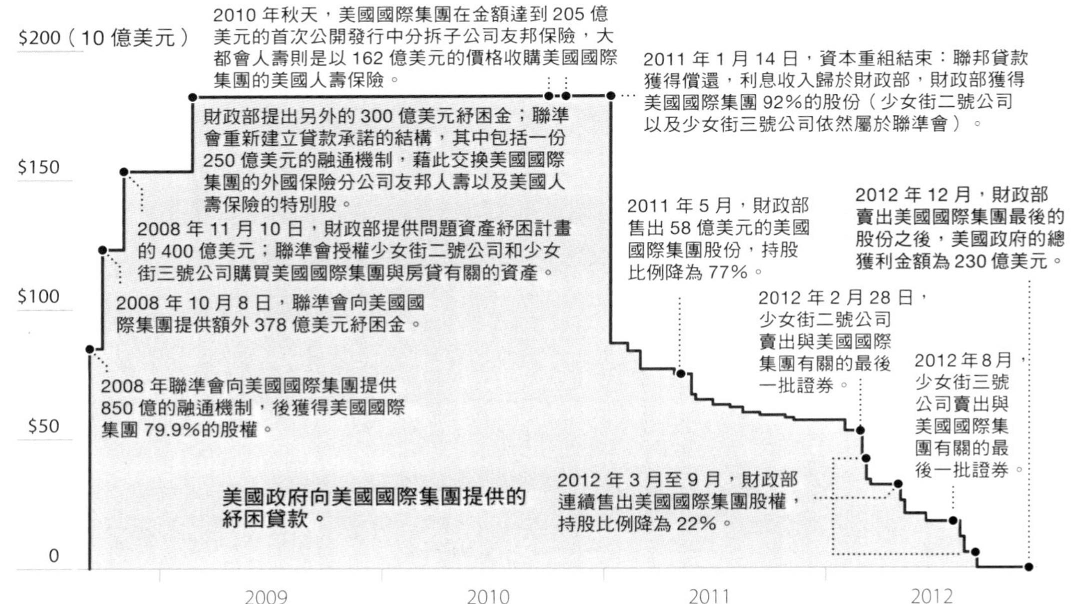

資料來源：美國財政部

註記：還款發生在美國國際集團的紓困貸款期間。所有的貸款減值直到 2011 年 1 月的資本重組交易中才開始納入。

隨著市場對於銀行的信心發生更嚴重的受挫，美國政府的「壓力測試」提高資訊透明性，協助管制機構和投資人能夠建立準確的損失預測。

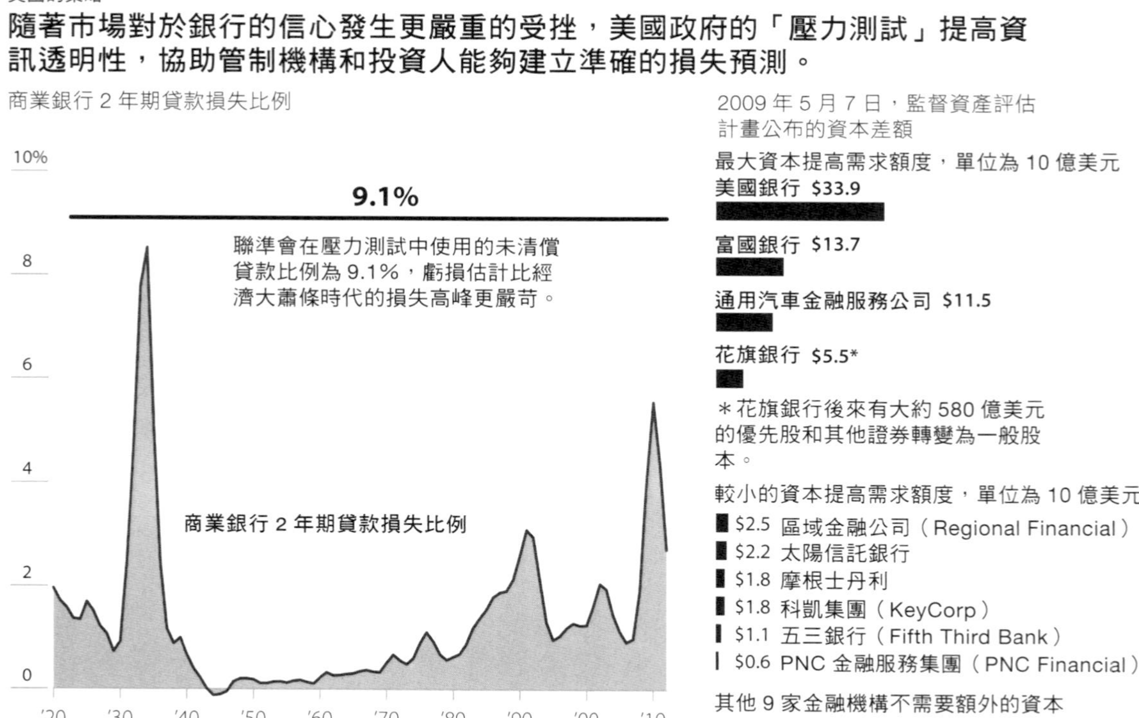

資料來源：Federal Deposit Insurance Corp.; Federal Reserve Board; International Monetary Fund

註記：當時最大型的 19 家銀行控股公司都接受監督資產評估計畫的評估。

美國的策略

美國政府加速金融機構重新提高私人資本。

從 2009 年 5 月 7 日至 2010 年 12 月 31 日之間，金融機構增加的私人資本

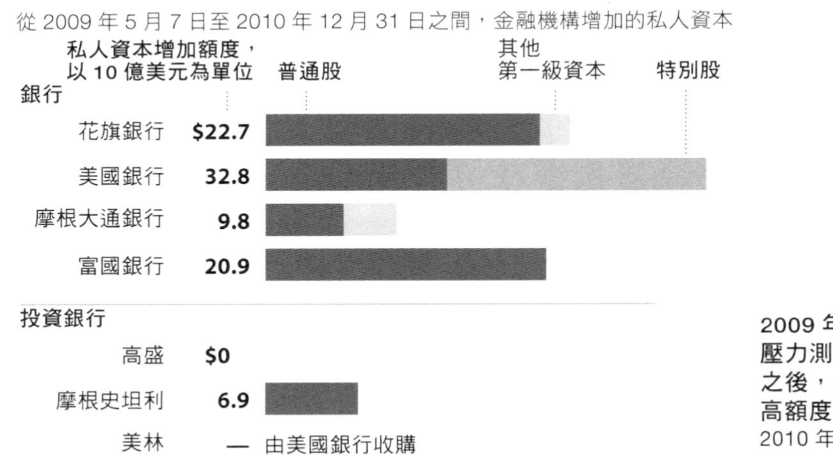

2009 年 5 月 7 日，壓力測試結果公開之後，私人資本提高額度，計算至 2010 年 12 月 31 日。

資料來源：高盛

註記：2009 年 4 月，在壓力測試結果公開之前，高盛提高 58 億的資本，償還給問題資產紓困計畫。

美國的策略

事實上，美國政府的銀行系統資本重組比歐洲更迅速且積極。

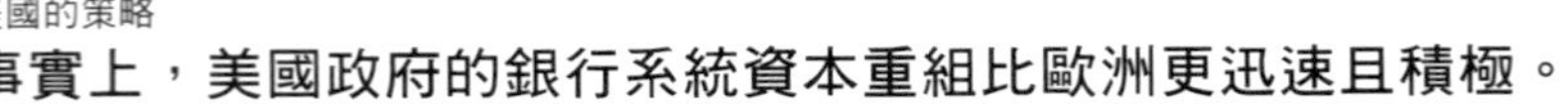

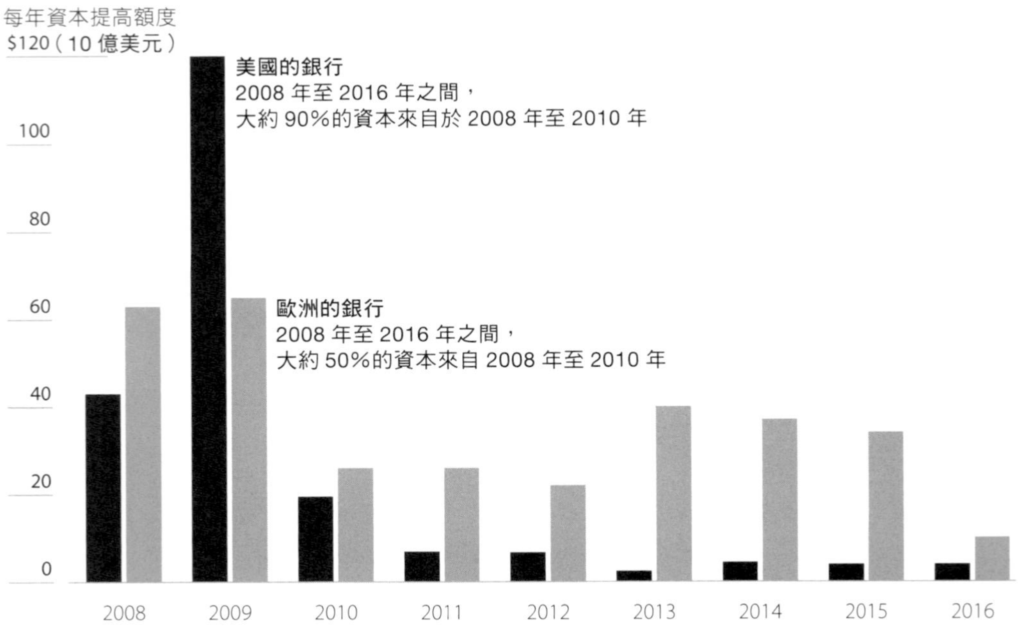

資料來源：高盛

註記：此處的圖表來自本書作者根據高盛圖表的估計結果。

除了處理金融體系問題的計畫，
聯準會和財政部
也推動各種強力的貨幣政策和財政刺激方案。

美國的策略

隨著聯邦基金利率趨近於 0，聯準會進行大規模的資產購買，希望降低長期利率——這個政策就是如今眾所皆知的「量化寬鬆」。

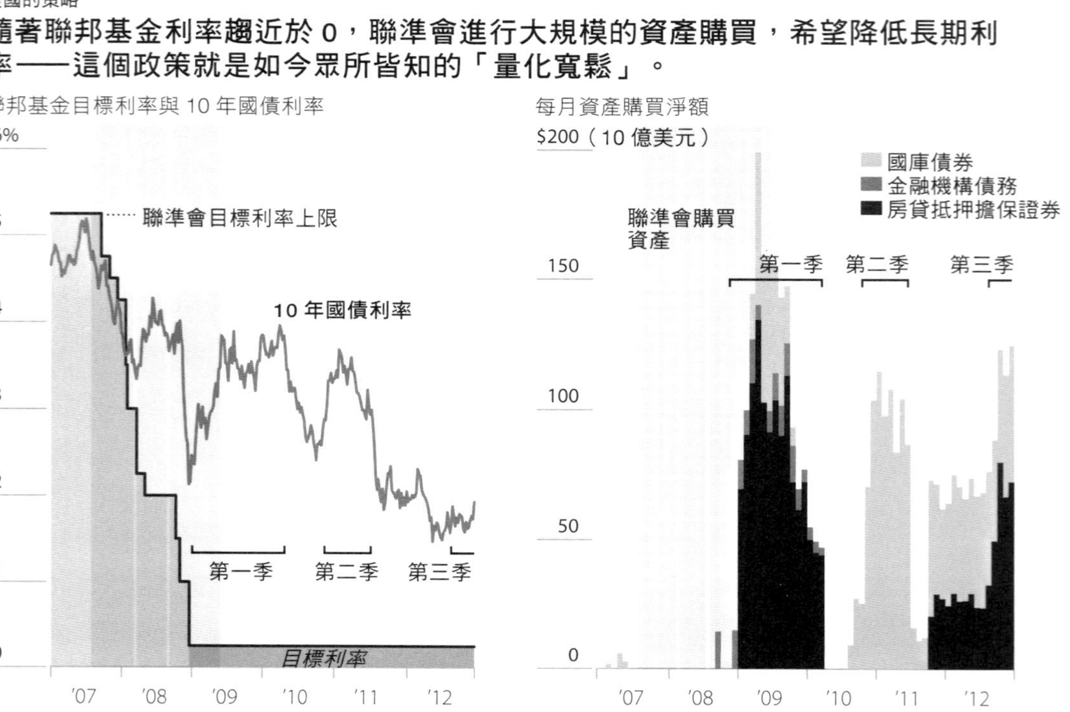

資料來源：目標利率：Federal Reserve Board；10 年國庫債券：Federal Reserve Board via Federal Reserve Economic Data (FRED)；每月資產購買額度：Federal Reserve Bank of New York, Haver Analytics

美國的策略

美國政府在金融危機的早期階段通過第一個財政刺激方案，但預算只有相對微薄的 1680 億美元，必須經過一段時間才會發揮效果。

財政刺激方案對國內生產毛額的每季影響

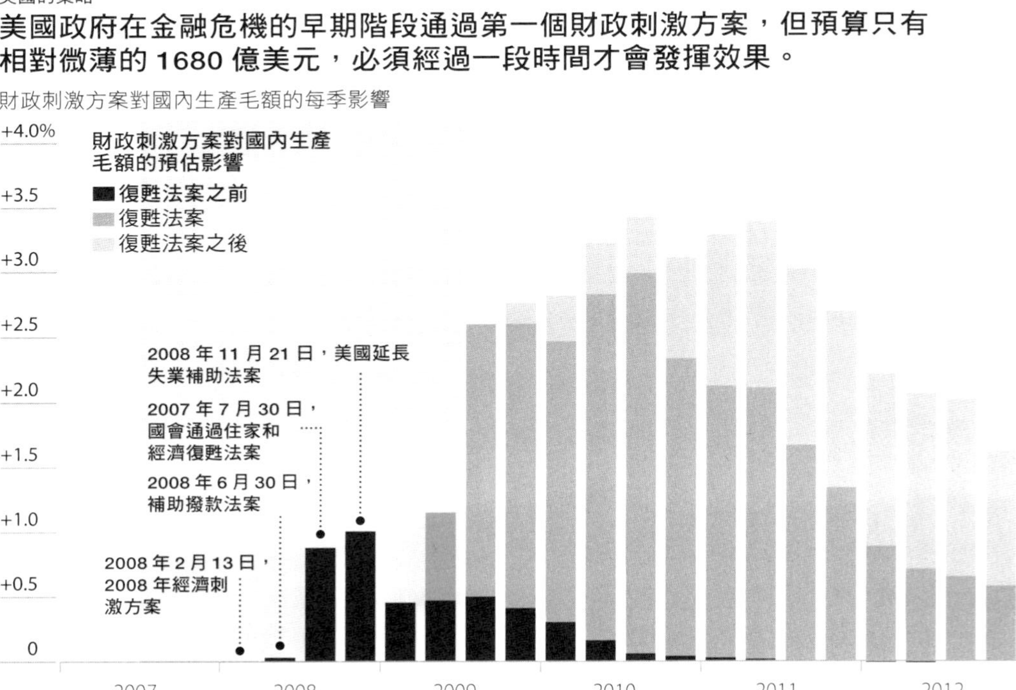

資料來源：Council of Economic Advisers; Congressional Budget Office; Bureau of Economic Analysis; calculations by Jason Furman

註記：1680 億美元為復甦法案執行之前的財政刺激總金額，統計至 2012 年。

美國的策略

2009 年的復甦法案提供更大規模的預算金額——7112 億美元——結合暫時性的節稅與增加支出，抵銷部分的國內生產毛額下跌問題，但無法完全恢復。

財政刺激方案對國內生產毛額的每季影響

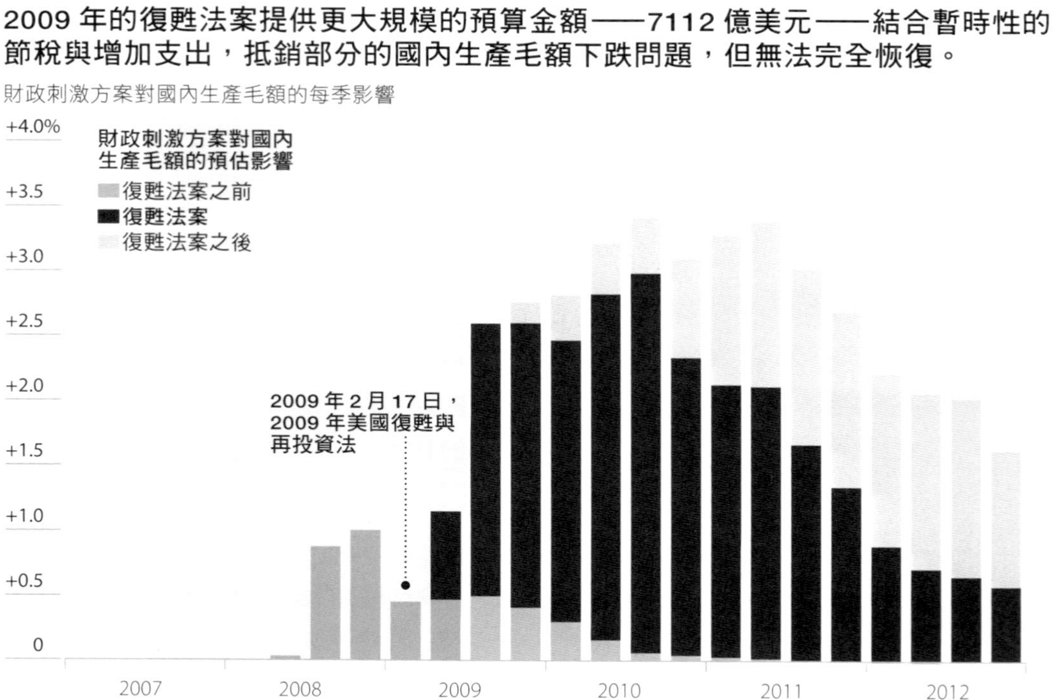

資料來源：Council of Economic Advisers; Congressional Budget Office; Bureau of Economic Analysis; calculations by Jason Furman

註記：7112 億美元為復甦法案提供的刺激金額，統計至 2012 年。

在復甦法案之後，一系列較小的財政刺激行動，總計金額為 6570 億美元，提高復甦經濟的程度。

財政刺激方案對國內生產毛額的每季影響

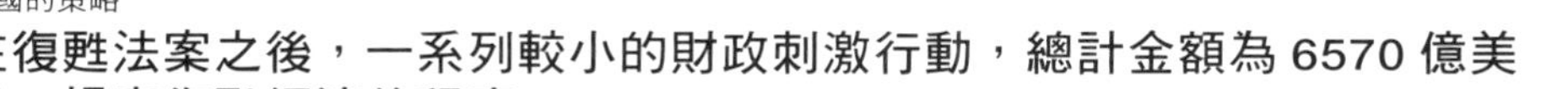

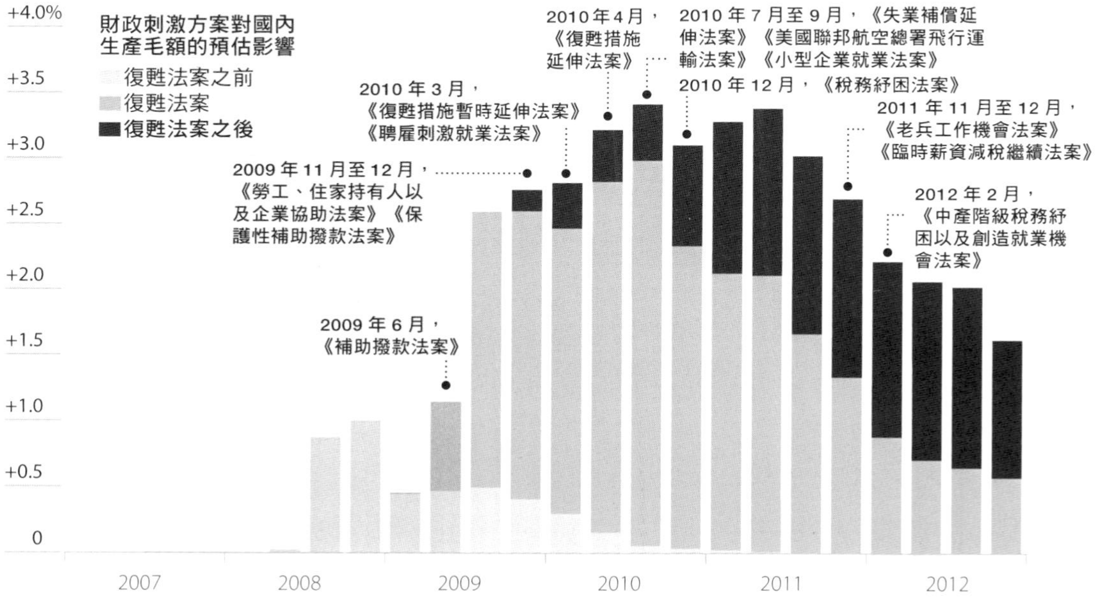

資料來源：Council of Economic Advisers; Congressional Budget Office; Bureau of Economic Analysis; calculations by Jason Furman

註記：6570 億美元為復甦法案之後的財政刺激總金額，統計至 2012 年。

美國的策略

雖然聯邦政府提高財政刺激，但州政府和地方政府的緊縮策略，抵銷了聯邦政府的努力。

1960 年至 2015 年，在經濟復甦期間，州政府和地方政府的實質購買支出，計算至經濟衰退結束，以每季作為分析單位

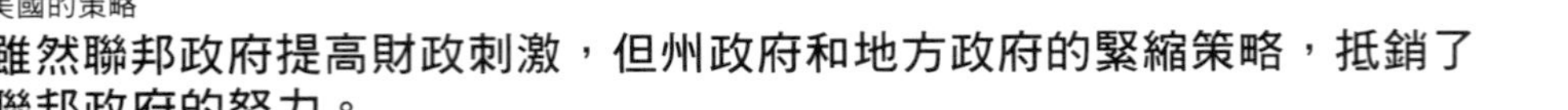

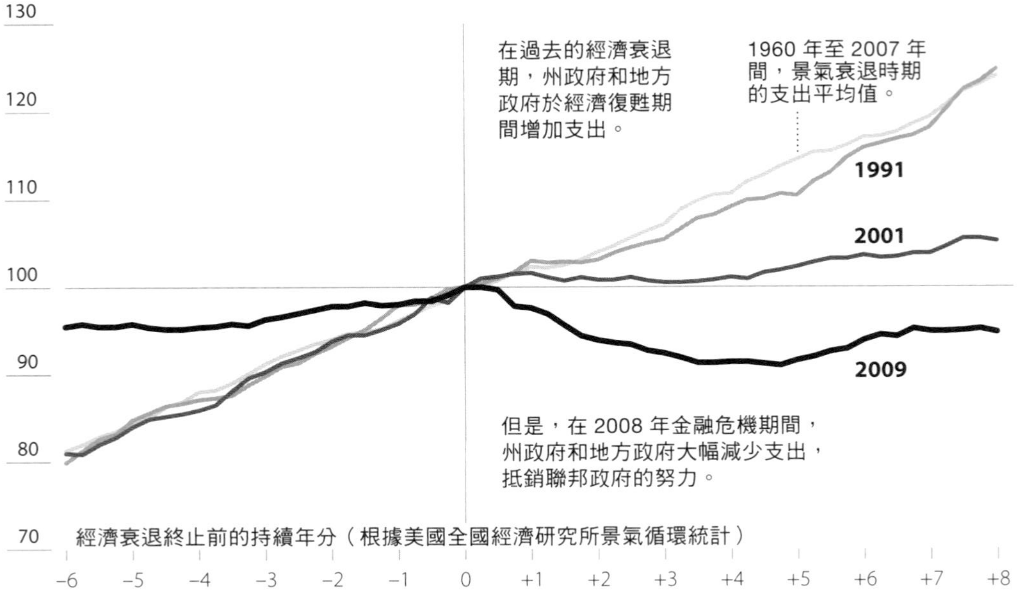

資料來源：Bureau of Economic Analysis via Haver Analytics；本書作者的計算

註記：平均數值並未涵蓋 1980 年代的經濟衰退，因為與 1981 年至 1982 年的經濟衰退重疊。

美國的策略

政府實施連續的房市計畫，目標是：

- 降低房貸利率，
  確保信貸市場的運作
- 減少法拍
- 協助陷入困境的借款人取得房貸重新融資，
  並且使用更低的利率

美國的策略

政府的房市計畫順利降低房貸利率，減少法拍，但是無法控制虧損。

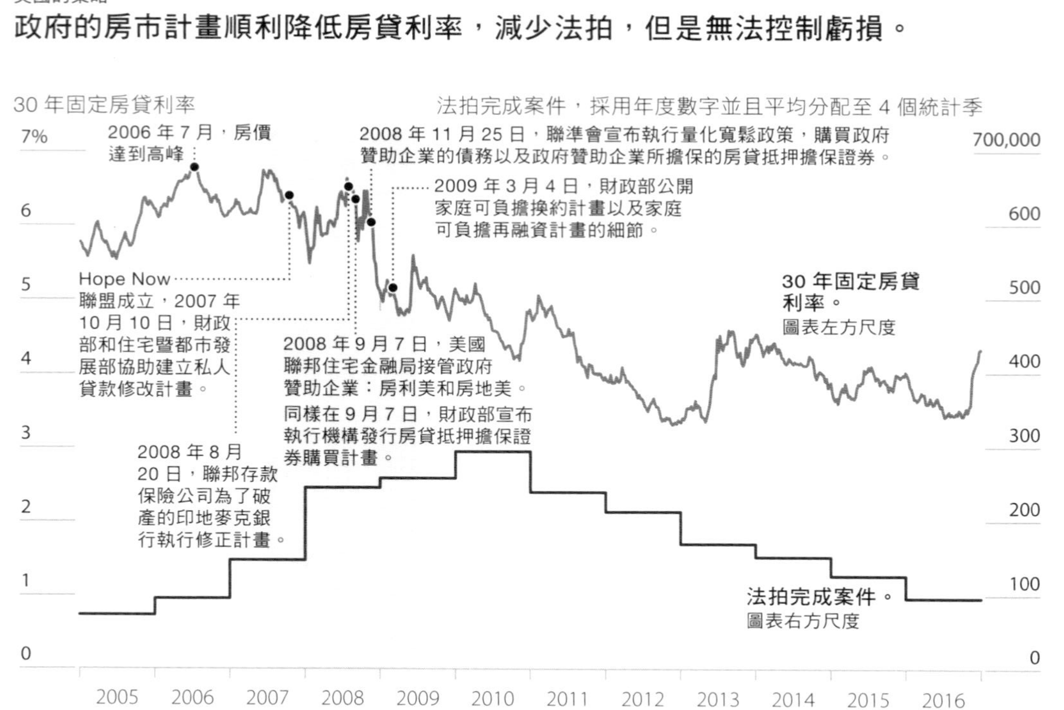

資料來源：房貸利率：Freddie Mac Primary Mortgage Market Survey® via Federal Reserve Economic Data (FRED)；法拍完成事件：CoreLogic

美國的策略

政府支持房利美和房地美，保持房貸信用流動，並且在私人房貸發行公司撤資之後，維持房市穩定。

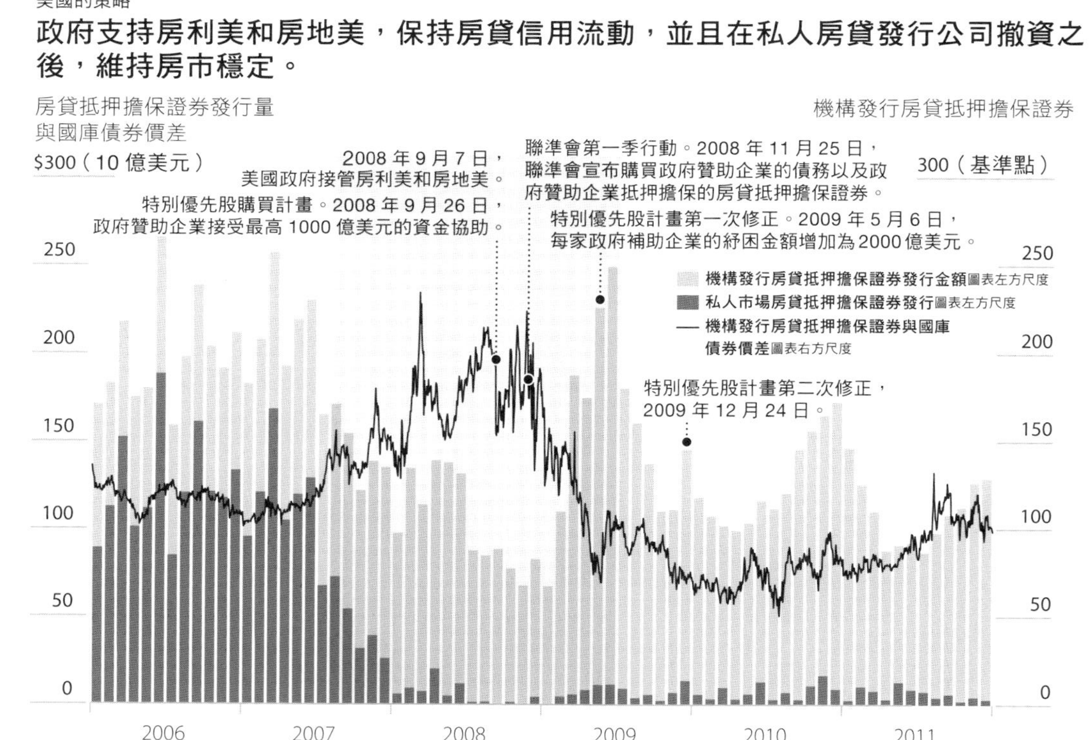

資料來源：房貸抵押擔保證券發行金額：Securities Industry and Financial Markets Association；機構發行房貸抵押擔保證券價差：Bloomberg Finance L.P., 以及本書作者的計算

美國的策略

房貸修改計畫，包括家庭可負擔換約計畫，協助數百萬名陷入困境的住家持有人處理房貸。

修改契約或獲得損失補償的房貸協助案件，從 2009 年 4 月 1 日統計至 2016 年 11 月 30 日

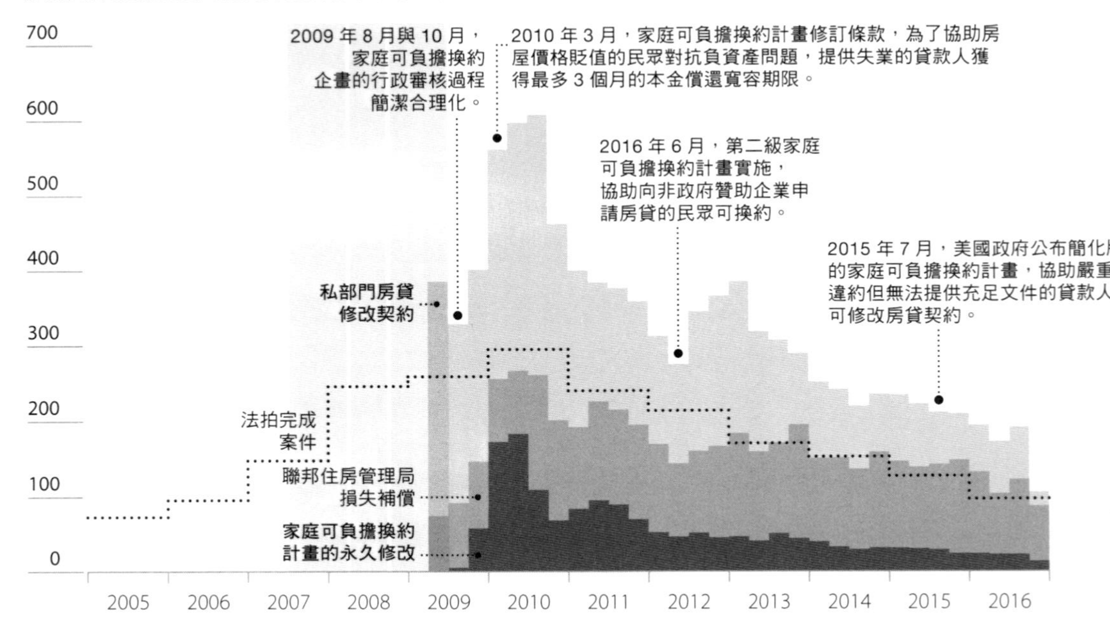

資料來源：聯邦住房管理局提供的損失補償：Dept. of Housing and Urban Development；家庭可負擔換約計畫：U.S. Treasury；私部門房貸換約：HOPE NOW；法拍完成案件：CoreLogic

註記：房貸換約統計至2016年11月；其他計畫統計至2016年。法拍完成案件採用年度數字並且平均分配至4個統計季。

美國的策略

家庭可負擔再融資計畫降低了房貸利率，鼓勵再融資，協助「淹水屋」受害者避免法拍。

藉由家庭可負擔再融資計畫申請再融資貸款的案件數量

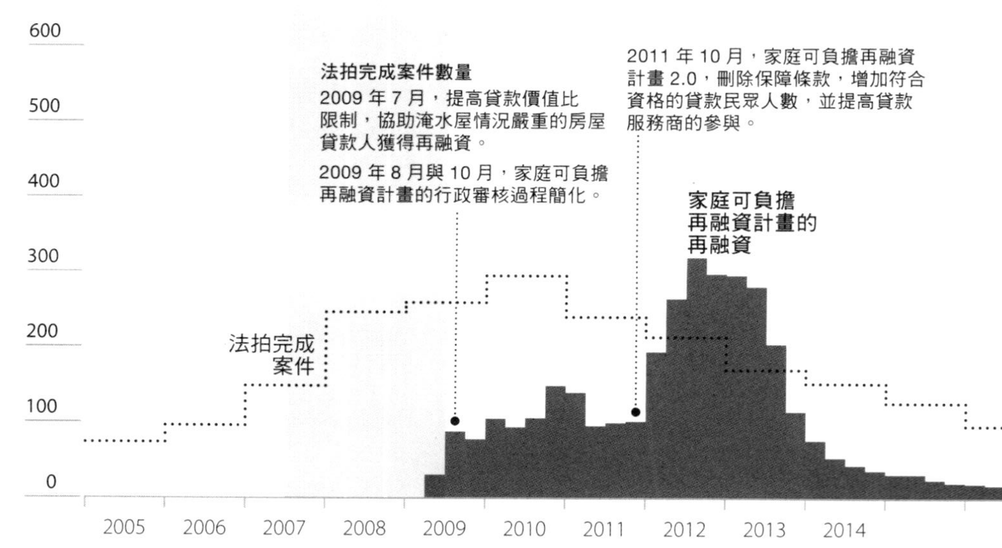

資料來源：再融資資料：Federal Housing Finance Agency；法拍完成案件：CoreLogic

註記：法拍完成案件數量依年度案件數字並平均分配至 4 個統計季。

美國的策略

美國聯邦政府的計畫協助數百名住家持有人，但速度緩慢，而且在面臨法拍問題的民眾中，僅有有限的民眾獲得協助。

在金融危機期間，獲得貸款換約與其他避免法拍紓困行動協助的家庭持有人人數

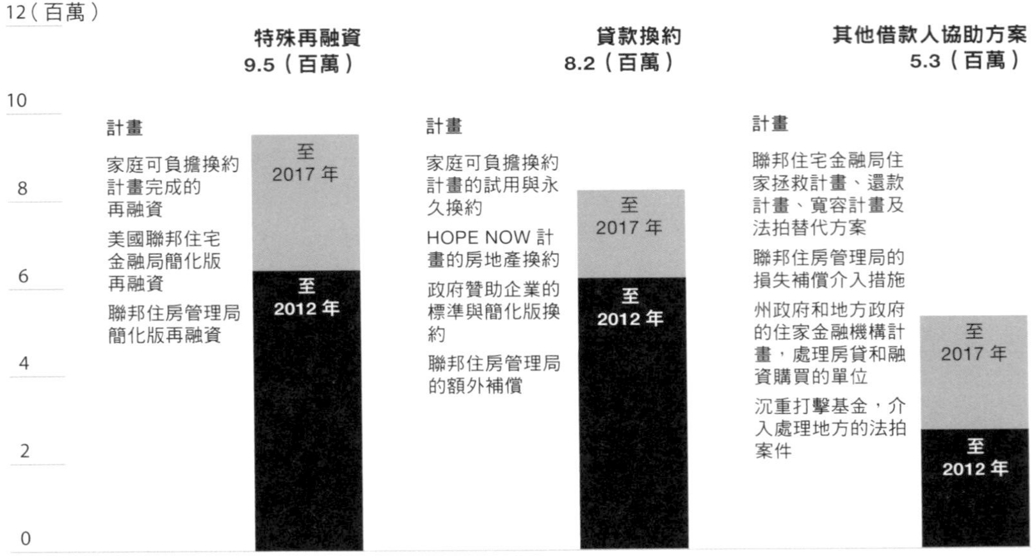

12（百萬）
10
8
6
4
2
0

特殊再融資
9.5（百萬）

計畫

家庭可負擔換約計畫完成的再融資

美國聯邦住宅金融局簡化版再融資

聯邦住房管理局簡化版再融資

至 2017 年

至 2012 年

貸款換約
8.2（百萬）

計畫

家庭可負擔換約計畫的試用與永久換約

HOPE NOW 計畫的房地產換約

政府贊助企業的標準與簡化版換約

聯邦住房管理局的額外補償

至 2017 年

至 2012 年

其他借款人協助方案
5.3（百萬）

計畫

聯邦住宅金融局住家拯救計畫、還款計畫、寬容計畫及法拍替代方案

聯邦住房管理局的損失補償介入措施

州政府和地方政府的住家金融機構計畫，處理房貸和融資購買的單位

沉重打擊基金，介入處理地方的法拍案件

至 2017 年

至 2012 年

資料來源：Barr et al. (forthcoming)

美國的策略

雖然金融危機的起點是美國，但影響了全球——美國政策制定者的應對方式，必須與全球的合作對象緊密合作：

- **建立中央政府換匯額度**
  處理美元短缺問題
- **共同制定貨幣政策**
  向全球市場傳送強而有力的訊息
- **安排國際貨幣基金的支持**
  照顧受到金融危機影響的新興市場

美國的策略

美國聯準會和 12 餘國的中央銀行建立換匯額度，希望減緩美元短缺所造成的融資壓力。

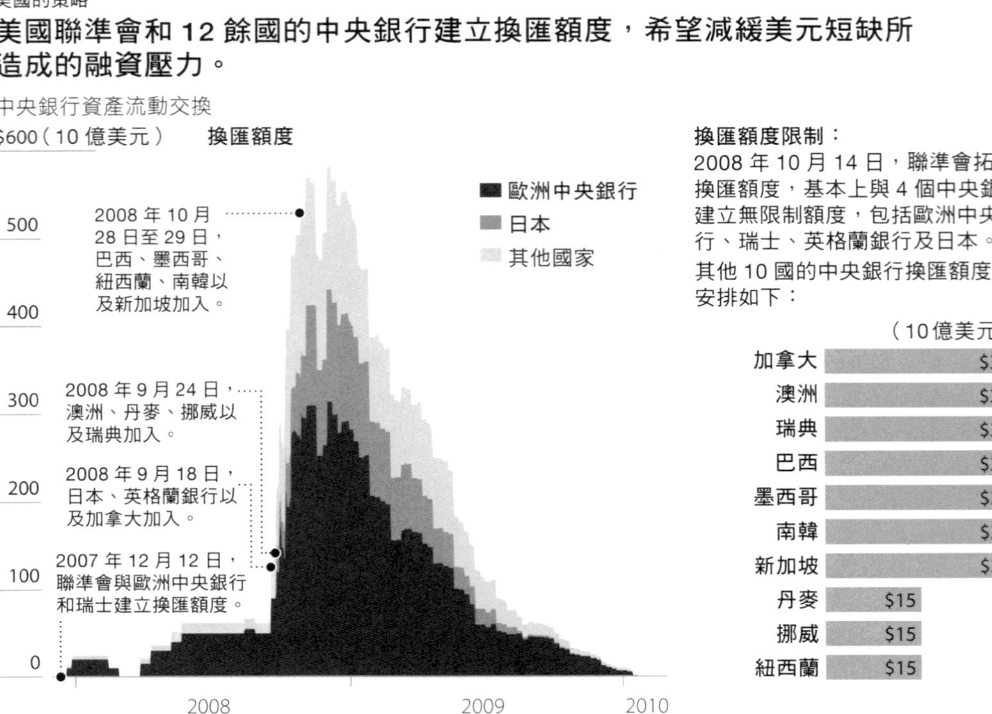

資料來源：換匯額度：Federal Reserve Board 以及本書作者計算；最大額度：Goldberg et al. (2010)

美國的策略

聯準會及世界主要中央銀行共同降息。

每個國家的中央銀行目標利率（以月利率為計算標準）

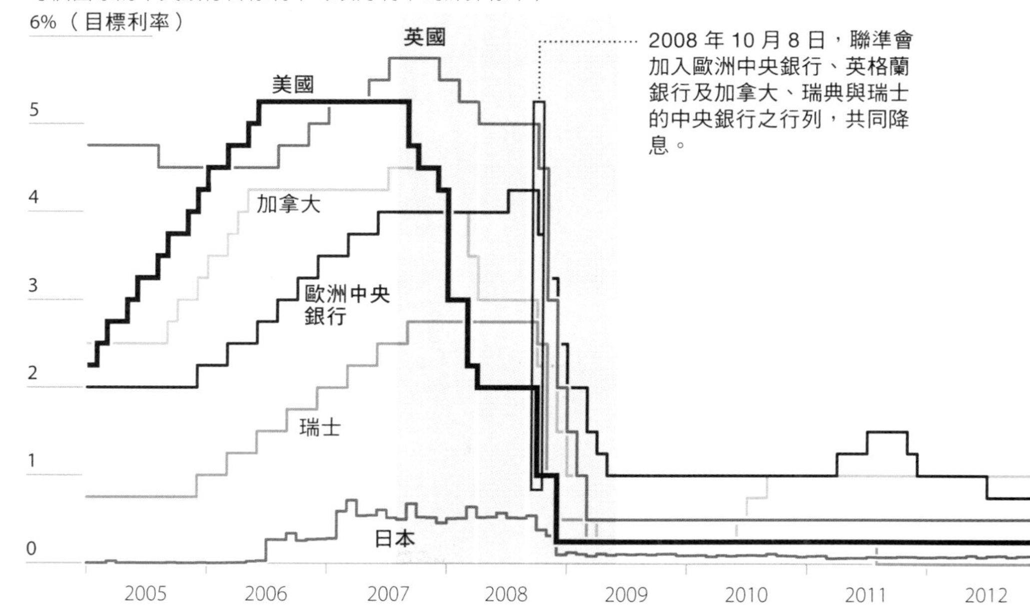

資料來源：Bloomberg Finance L.P.

國際貨幣基金組織向被金融危機影響的國家提供大量紓困，規模大於該組織在 1997 年向亞洲金融危機提供的援助。

國際貨幣基金組織在亞洲金融危機提供的援助金額及在 2008 年全球金融危機開始時，提供的紓困金額增加之額度

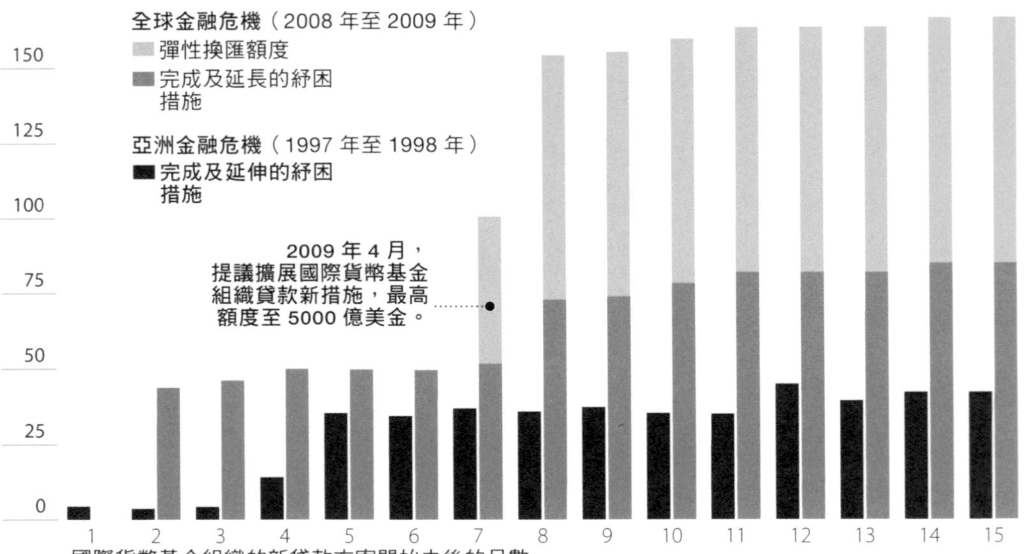

資料來源：國際貨幣基金組織資料；本書作者根據 Lowery et al. (forthcoming) 的計算

註記：國際貨幣基金組織向亞洲金融危機提供紓困的開始日期為 1997 年 7 月，國際金融危機的紓困方案開始日期則是 2008 年 9 月。特別提款權（SDR）的資料已經轉換為美元，亞洲金融危機的轉換比例為 1 特別提款權比 1.355820 美元（1997 年 7 月 31 日的比例），而國際金融危機的轉換比例為 1 特別提款權比 1.557220 美元。

結果

結果

從某些層面而言，2008 年金融危機的壓力程度比經濟大蕭條更嚴重。

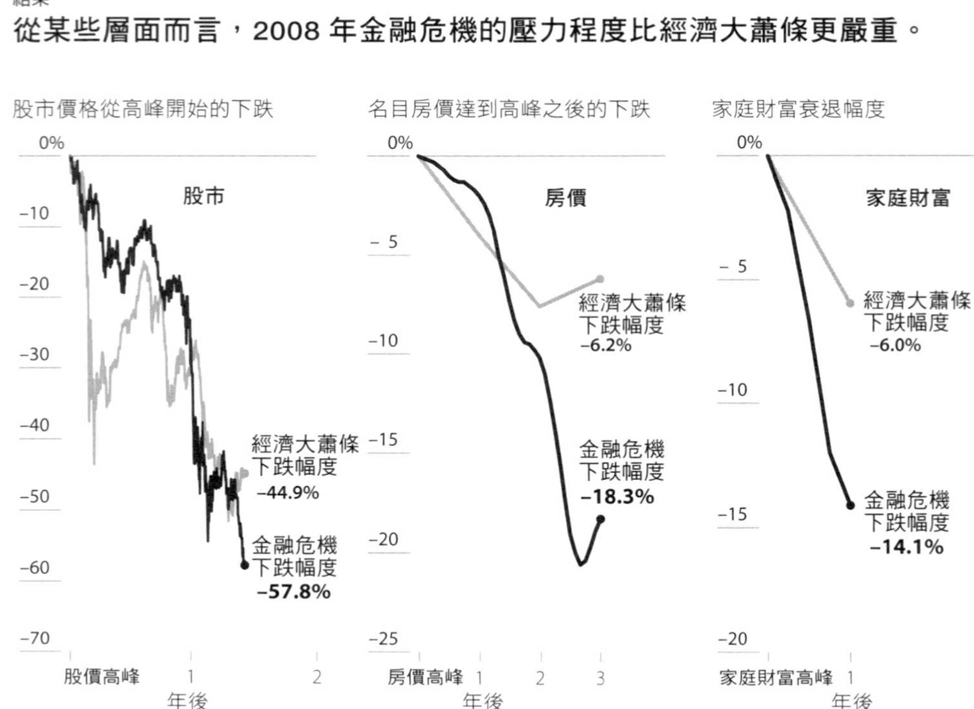

資料來源：股市：The Center for Research in Security Prices at Chicago Booth via Wharton Research Data Services (WRDS); 房價：U.S. home price and related data, Robert J. Shiller, Irrational Exuberance; GD household wealth: Mishkin (1978); 經濟大蕭條時期的家庭財富：Federal Reserve Board Financial Accounts of the United States

結果

美國政府的應對方式最後成功阻止恐慌，並穩定金融體系。

銀行信用違約交換價差及倫敦銀行同業拆放利率—隔夜指數交換利率價差

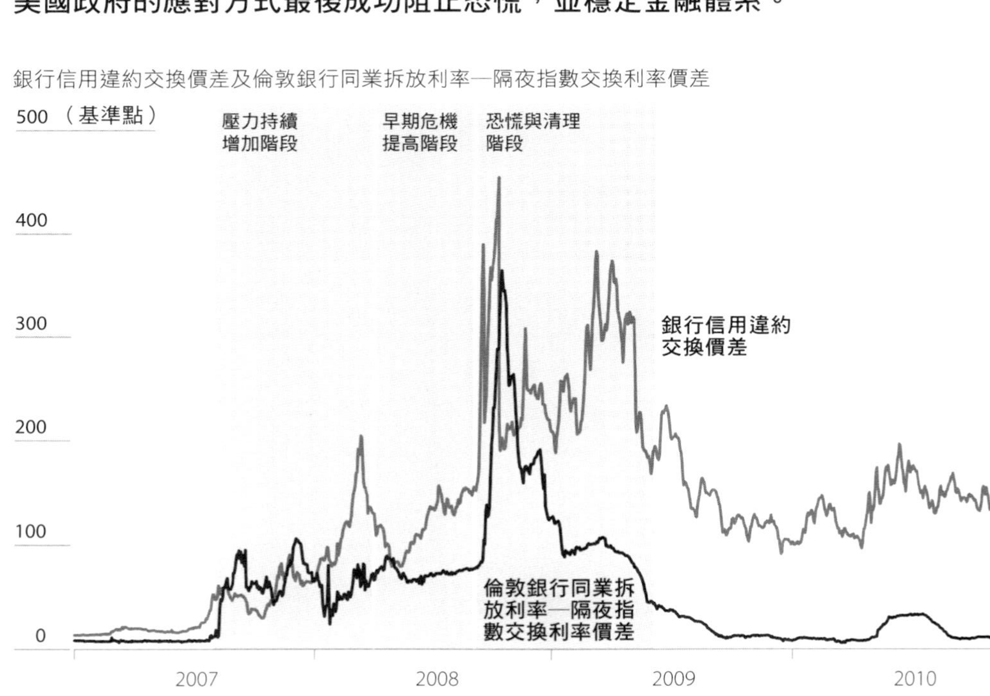

資料來源：倫敦銀行同業拆放利率—隔夜指數交換利率：Bloomberg Finance L.P.；信用違約交換價差：Bloomberg Finance L.P., IHS Markit

註記：信用違約交換價差為摩根大通、花旗銀行、富國銀行、美國銀行、摩根士丹利及高盛的等權重平均計算結果。

結果

美國政府的應對方式，讓經濟體系緩慢地結束嚴重的衰退。

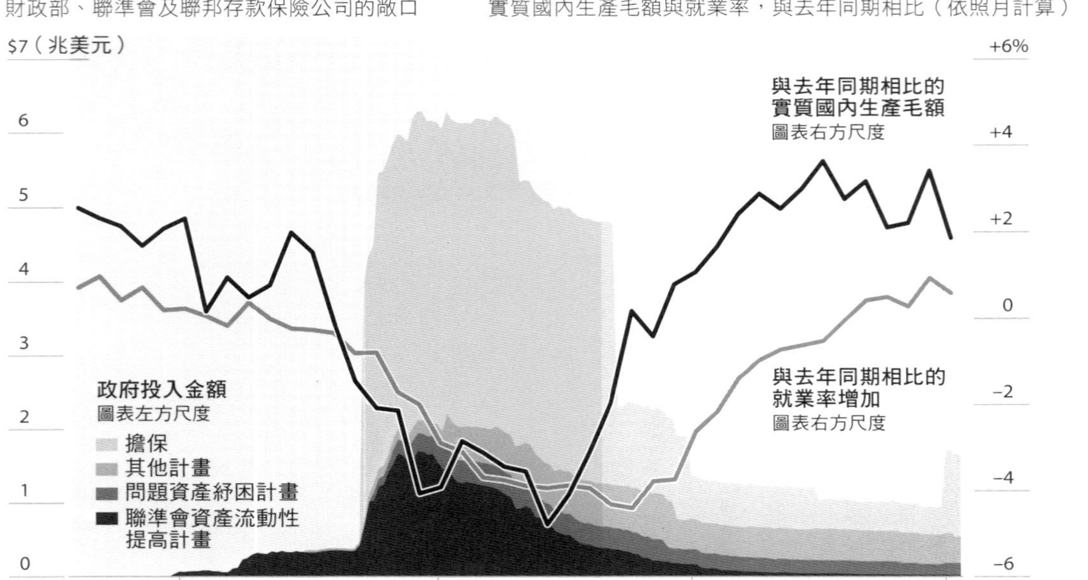

資料來源：Liang et al. (forthcoming), 美國政府敞口的資料基礎：Congressional Oversight Panel, "Guarantees and Contingent Payments in TARP and Related Programs" via Federal Reserve Bank of St. Louis, Federal Deposit Insurance Corp., Federal Reserve Board, Federal Housing Finance Agency, U.S. Treasury; 就業率：Bureau of Labor Statistics; 實質國內生產毛額：Macroeconomic Advisers via Haver Analytics

結果

美國政府的應對措施協助復甦信貸市場以及銀行借款業務，融資的成本再度降低而且更容易取得。

消費者資產擔保證券價差

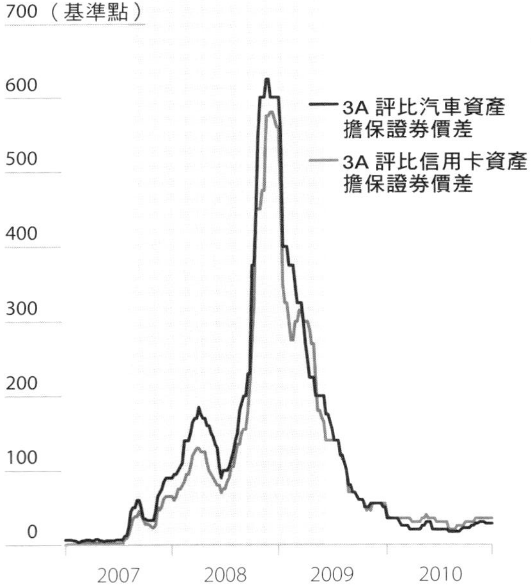

700（基準點）
600
500
400
300
200
100
0

2007
2008
2009
2010

—3A 評比汽車資產擔保證券價差
—3A 評比信用卡資產擔保證券價差

銀行貸款標準緊縮淨百分比

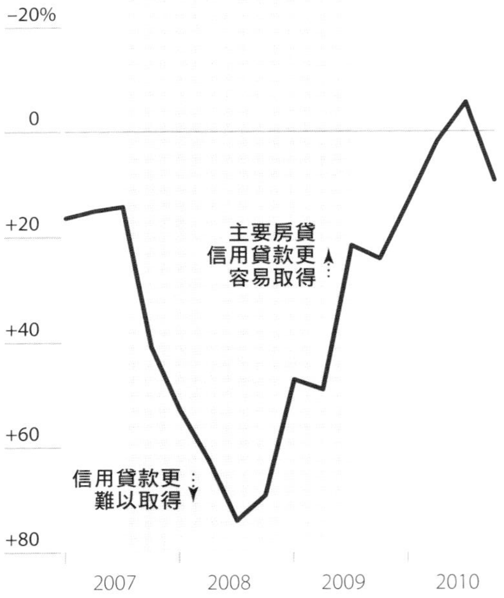

−20%
0
+20
+40
+60
+80

2007
2008
2009
2010

主要房貸信用貸款更容易取得
信用貸款更難以取得

資料來源：資產擔保證券價差：Federal Reserve Bank of New York based on data from JP Morgan and Bloomberg Finance L.P.；借款標準：Federal Reserve Board.

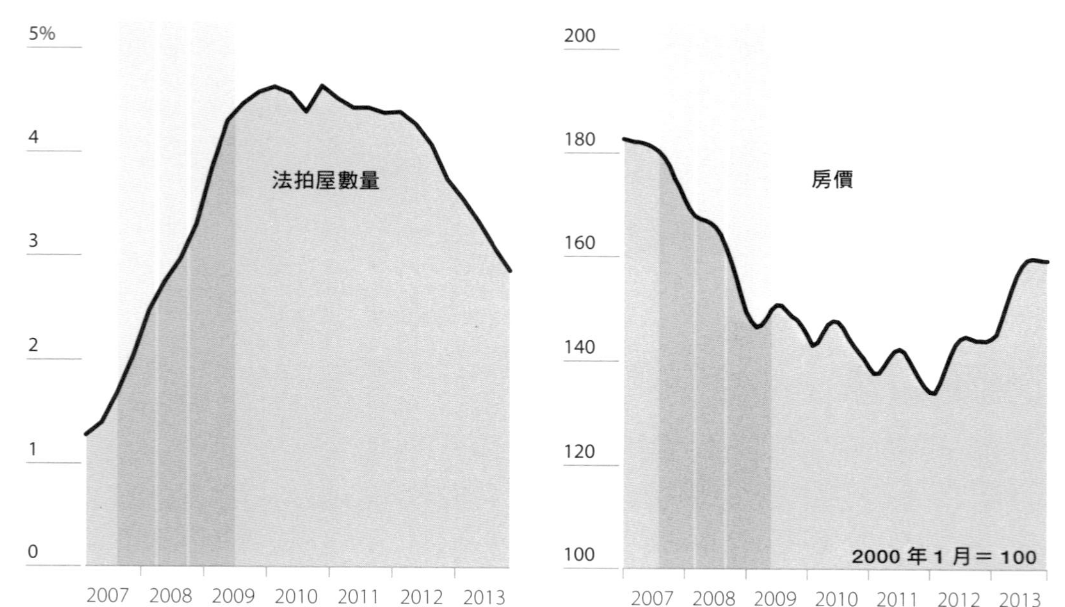

資料來源：法拍屋數量：Mortgage Bankers Association's National Delinquency Survey, Bloomberg Finance L.P.；房價指數：S&P CoreLogic Case-Shiller U.S. National Home Price Index via Federal Reserve Economic Data (FRED)，並未根據季節調整

結果

美國經濟復甦的速度緩慢，符合嚴重金融危機之後的典型模式。

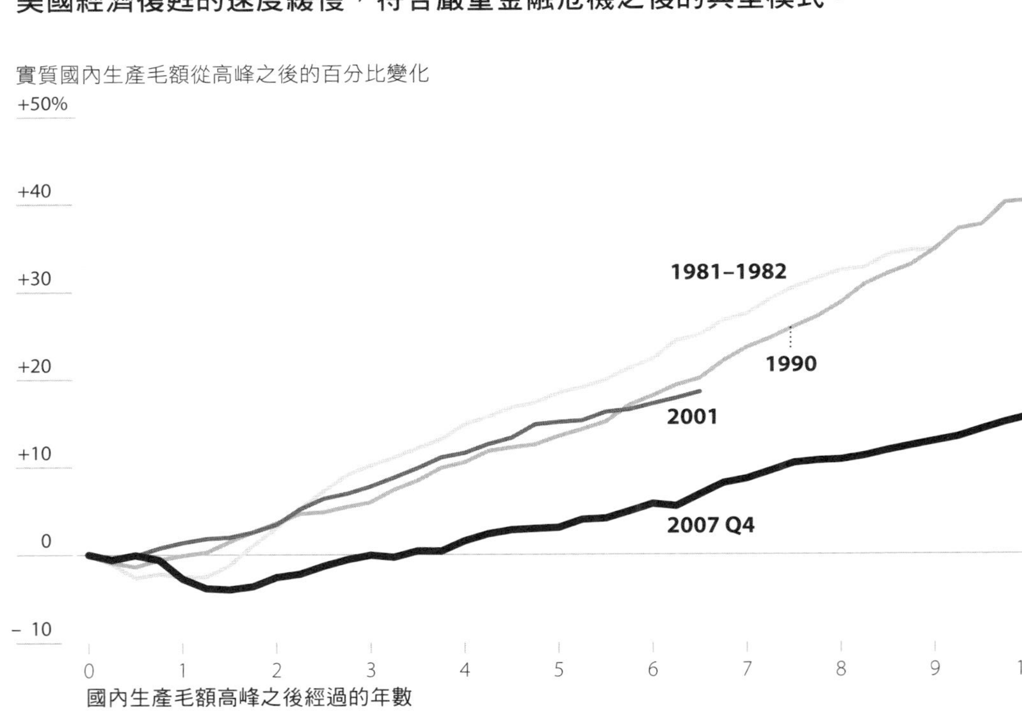

資料來源：Bureau of Economic Analysis via Federal Reserve Economic Data (FRED)

結果

但是，美國的經濟成長比許多歐洲國家更好。

從 2007 年第四季之後的實質國內生產毛額百分比變化

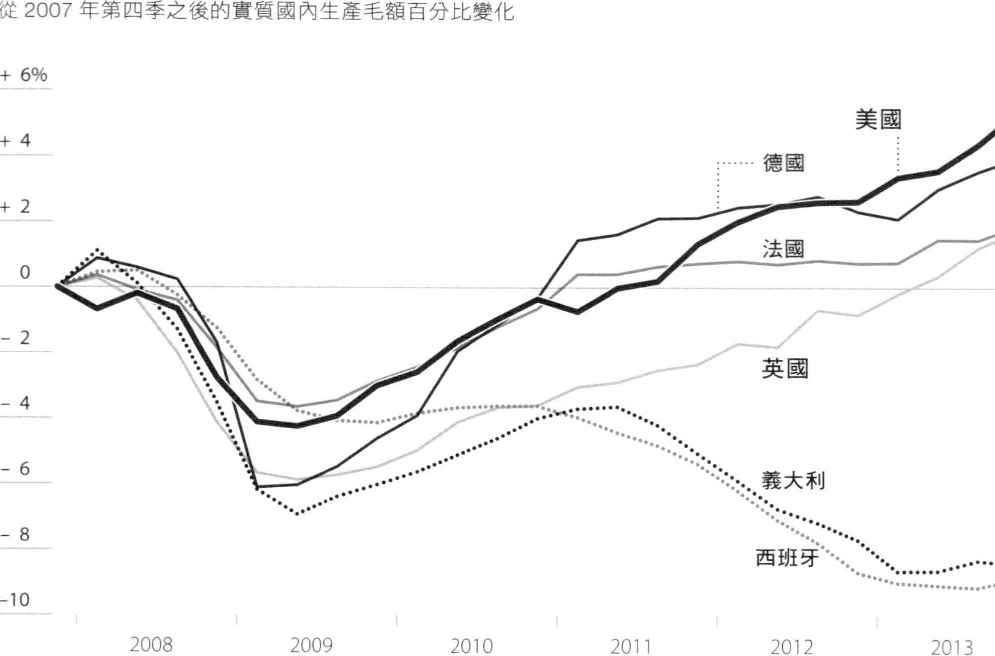

資料來源：Organisation for Economic Co-operation and Development

結果

一般而言，金融危機會大幅影響經濟產出，但是與其他金融危機相較，美國執行的因應 2008 年金融危機策略，有效限制了虧損程度。

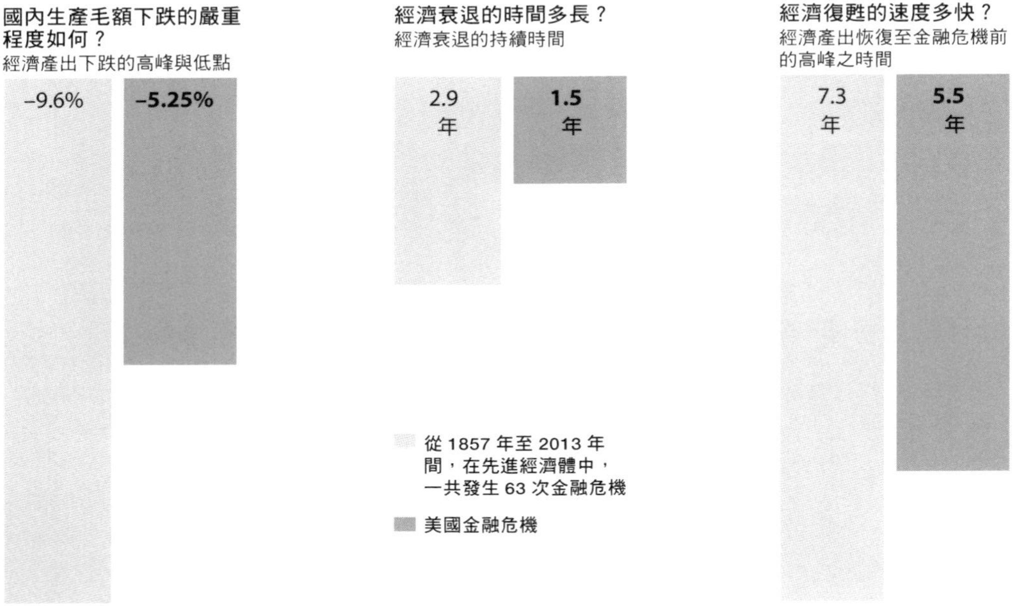

資料來源：Reinhart and Rogoff (2009); Bureau of Economic Analysis via Federal Reserve Economic Data (FRED); 根據 Liang et al. (forthcoming) 的比較

結果

美國納稅人因為金融紓困方案而獲利。

金融穩定計畫創造的收入或虧損

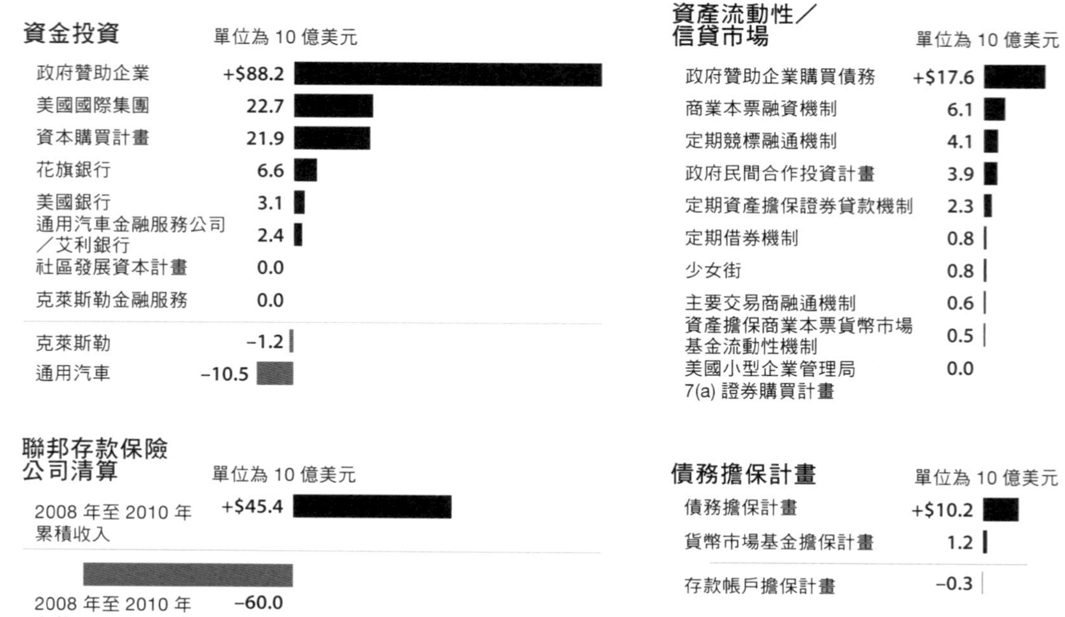

資料來源：Federal Deposit Insurance Corp.; Federal Housing Finance Agency; Federal Reserve Board; Labonte and Webel (2018); U.S. Treasury

結果

現在的美國金融體系擁有大量資金，即使面對險峻的經濟衰退，也能承受損失。

普通股權益第一類資本及第一級普通股資本在風險性資產中的比例

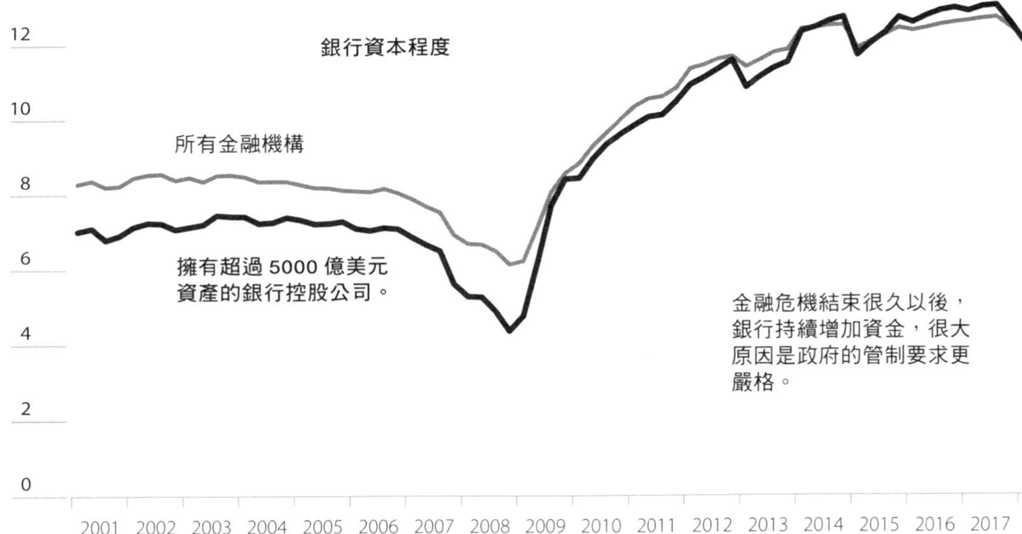

資料來源：Federal Reserve Bank of New York's Research and Statistics Group

註記：資本比例根據 2014 年之前的第一級普通股資本以及 2015 年的普通股權益第一類資本，並且結合計算兩者在 2014 年時的表現。

結果

更嚴格的資本需求管制也更廣泛地應用至美國的金融體系

2007 年第四季

41% 的金融體系資產必須符合槓桿限制

不受金融槓桿限制

13 兆美元 存款機構資產

7.6 兆美元 政府贊助企業資產

4.6 兆美元 資產擔保證券

4.7 兆美元 交易商資產

2.1 兆美元 金融服務機構資產

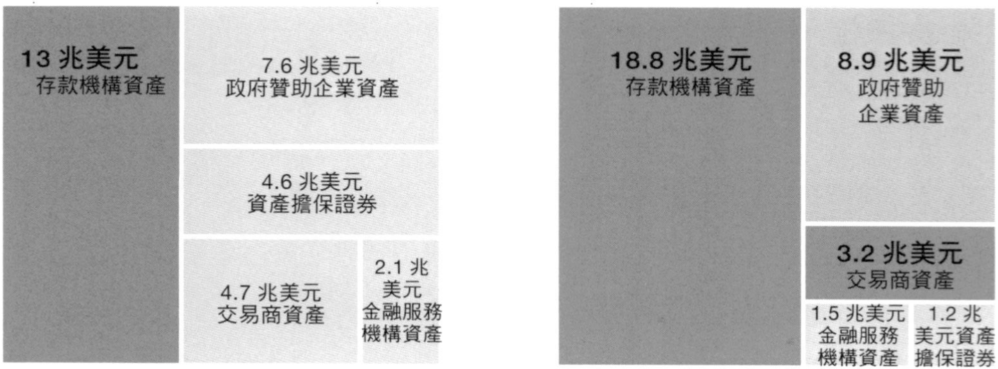

金融資產總額為 **32.1 兆美元**

2017 年第四季

92% 的金融體系資產必須符合槓桿限制

政府補助企業維持政府接管

18.8 兆美元 存款機構資產

8.9 兆美元 政府贊助企業資產

3.2 兆美元 交易商資產

1.5 兆美元 金融服務機構資產

1.2 兆美元資產擔保證券

金融資產總額為 **36.6 兆美元**

資料來源：Federal Reserve Board Financial Accounts of the United States

結果

然而美國政府可用的緊急權限依然過於受限，無法有效應對險峻的金融危機。

金融危機之前的限制

- 對金融機構建立槓桿的能力有限
- 存款保險範圍有限
- 對最大型的銀行控股公司及非銀行機構沒有清算權限
- 沒有向金融公司挹注資金的能力
- 無穩定政府贊助企業的權限

必要的危機處理權限

- 聯準會擴大最後貸款人的範圍
- 聯邦存款保險公司擴大債務和貨幣市場基金的擔保範圍
- 政府贊助企業進入接管
- 向金融公司挹注資金

危機結束後，政府的應對工具

- 更嚴格的資本需求
- 更嚴格的資產流動性及融資要求
- 金融機構的「生前遺囑」、破產處理及清理權限

危機結束後，政府面對的限制

- 聯準會最後貸款人受到限制
- 沒有國會同意，聯邦存款保險公司無法提供貨幣市場基金或債務擔保
- 沒有挹注資金的權限

2008 年的金融危機造成可怕的損傷，然而當初確實可避免如此惡劣的結果。

2008 年金融危機造成的損傷，證明金融體系的管制能力不足，而且金融危機發生時，缺乏趁早採取積極行動的工具，造成必須付出沉痛的代價。

金融和經濟的復甦緩慢且脆弱，也因過早緊縮財政政策，導致恢復速度更加緩慢。

即使已經修復當時的損傷，美國的經濟體系依然面對許多長期挑戰，這些挑戰的起因比 2008 年金融危機更久。

附錄致謝

本書的所有圖表，來自柏南克、蓋特納以及鮑爾森主持的研究計畫之部分結果。研究計畫的目標，是檢驗在2007年至2009年金融危機期間，美國政府的介入應對措施；這個計畫也是耶魯大學管理學院的金融穩定計畫以及布魯金斯研究所哈欽斯財政與貨幣政策中心的共同研究計畫。

研究計畫圖表指導顧問：蓋特納與梁內利

編輯總監：戴布拉．麥克克里蘭

研究計畫圖表總監：艾瑞克．戴許

數據視覺化負責人：賽斯．菲斯特

首席數據分析師：班．韓肯

數據分析師：艾登．羅森

我們也感謝以下的組織單位和個人：

布魯金斯研究所：所長大衛．魏瑟爾；薩吉．貝爾斯、傑佛瑞．張、薇薇安．李，麥可．吳。

耶魯大學金融穩定計畫：安德魯．麥崔克，計畫主持人；艾利克．布克霍茲，安舒．陳、葛雷格．費爾伯格、克里斯丁．麥克納馬拉、雀斯．羅斯、大衛．譚、丹尼爾．湯普森、羅薩琳．維金斯。

黃金三角策略顧問公司（Golden Triangle Strategies）：莫尼卡．伯耶、艾密莉．辛斯畢克斯、比爾．馬許、梅莉莎．霍爾吉摩斯。

其他：查理．安德森、馬修．安德森、克里斯蒂．貝爾、麥可．巴爾、詹姆斯．艾格爾霍夫、傑森．福爾曼、羅伯．傑克森、安娜貝爾．裘爾德、凱瑟琳．克爾薩克、羅利．羅根、法蘭西斯．馬哈尼、維貝克．曼裘納斯、德魯．麥克金利、派翠克．帕金森、威爾森．鮑爾三世、厄尼．泰德斯奇。

附錄資料來源

主要：

Bloomberg Finance L. P.; the Center for Research in Security Prices at Chicago Booth; CoreLogic®, a property data and analytics company; Freddie Mac; Goldman Sachs; Haver Analytics; IHS Markit; iMoneyNet; Mortgage Bankers Association; Securities Industry and Financial Markets Association; SNL Financial; S&P Dow Jones Indices LLC, Standard & Poor' s (S&P® and S&P 500® are registered trademarks of Standard & Poor' s Financial Services LLC, and Dow Jones® is a registered trademark of Dow Jones Trademark Holdings LLC. © 2017 S&P Dow Jones Indices LLC, its affiliates and/or its licensors. All rights reserved); U.S. Dept. of Housing and Urban Development; Wharton Research Data Services (WRDS)

其他：

Bureau of Economic Analysis; Bureau of Labor Statistics; Congressional Budget Office; Congressional Oversight Panel; Council of Economic Advisers; Federal Deposit Insurance Corp.; Federal Housing Finance Agency; Federal Reserve

Bank of New York Financial Crisis Policy Response Timeline; Federal Reserve Bank of New York' s Research and Statistics Group; Federal Reserve Bank of Philadelphia; Federal Reserve Bank of St. Louis; Federal Reserve Bank of St. Louis Financial Crisis Policy Response Timeline; Federal Reserve Board; Federal Reserve Economic Data (FRED); International Monetary Fund; Macroeconomic Advisers®; Mishkin (1978); Organisation for Economic Co-operation and Development; U.S. Dept. of Treasury

國家圖書館出版品預行編目（CIP）資料

救火：美國三大財政巨頭揭露 2008 年金融危機的救市內幕 / 班 . 柏南克 (Ben S. Bernanke), 提摩西 . 蓋特納 (Timothy F. Geithner), 亨利 . 鮑爾森 (Henry M. Paulson Jr.) 作 ; 林曉欽譯 . -- 初版 . -- 臺北市 : 今周刊出版社股份有限公司 , 2023.04

面；　公分 . --（投資贏家系列 ; 72）

譯自 : Firefighting : the financial crisis and its lessons.

ISBN 978-626-7266-10-6(平裝)

1.CST: 金融危機　2.CST: 貨幣政策　3.CST: 銀行政策　4.CST: 美國

561.952　　112000463

投資贏家系列 072

救火

美國三大財政巨頭揭露 2008 年金融危機的救市內幕

Firefighting: The Financial Crisis and Its Lessons

作　　者　班・柏南克（Ben S. Bernanke）、提摩西・蓋特納（Timothy F. Geithner）、亨利・鮑爾森（Henry M. Paulson Jr.）
編　　輯　許訓彰
校　　對　李珮綺、許訓彰
總 編 輯　許訓彰
行銷經理　胡弘一
企畫主任　朱安棋
行銷企畫　林律涵、林苡蓁
印　　務　詹夏深
封面設計　萬勝安
內文排版　藍天圖物宣字社

出 版 者　今周刊出版社股份有限公司
發 行 人　梁永煌
社　　長　謝春滿

地　　址　台北市中山區南京東路一段 96 號 8 樓
電　　話　886-2-2581-6196
傳　　真　886-2-2531-6438
讀者專線　886-2-2581-6196 轉 1
劃撥帳號　19865054
戶　　名　今周刊出版社股份有限公司
網　　址　http://www.businesstoday.com.tw

總 經 銷　大和書報股份有限公司
製版印刷　緯峰印刷股份有限公司
初版一刷　2023 年 4 月
定　　價　380 元